Svenja Hofert betreibt ein Büro für Karriere-Coaching in Hamburg. Die gelernte Journalistin hat sich auf die Beratung von Freiberuflern und Angestellten in der Medienbranche spezialisiert. Seit vielen Jahren engagiert er sich auch in der journalistischen Aus- und Weiterbildung.

Svenja Hofert

Erfolgreich
als freier Journalist

3., überarbeitete Auflage

UVK Verlagsgesellschaft mbH

Praktischer Journalismus
Band 53

Bibliografische Information der Deutschen Nationalbibliothek
Die Deutsche Nationalbibliothek verzeichnet diese Publikation in der
Deutschen Nationalbibliografie; detaillierte bibliografische Daten sind
im Internet über http://dnb.d-nb.de abrufbar.

ISSN 1617-3570
ISBN 978-3-86764-337-5

1. Auflage 2003
2. Auflage 2006
3. Auflage 2012

© UVK Verlagsgesellschaft mbH, Konstanz 2012

Einbandgestaltung: Susanne Fuellhaas, Konstanz
Titelfoto: Istockphoto Inc.
Druck: fgb · freiburger graphische betriebe, Freiburg

UVK Verlagsgesellschaft mbH
Schützenstr. 24 · 78462 Konstanz, Deutschland
Tel.: 07531-9053-0 · Fax: 07531-9053-98
www.uvk.de

Inhalt

1 Einleitung

Als Freiberufler sind Sie kein Angestellter ohne Arbeitsvertrag, sondern ein selbstständiger Unternehmer. Sie müssen sich mit guter Arbeit am Markt positionieren und Gewinne erzielen. Doch der Markt für freie Journalisten ist eng, die Nachfrage groß, das Angebot klein. Wie können Sie erfolgreich sein?

Eine durchdachte Marketing-Strategie hilft Ihnen, sich trotz schwieriger Marktlage zu etablieren und gegen Wettbewerber durchzusetzen. Dazu benötigen Sie keine teuren Werbeaktionen, sondern müssen sich nur ein paar klare Gedanken machen: Was wollen Sie erreichen? Welche fachlichen und menschlichen Ressourcen stehen Ihnen zur Verfügung? Was macht Ihr »Produkt« aus? Wo liegen die Stärken Ihrer Arbeit, wo die Schwächen? Wo sehen Sie Entwicklungspotenzial? Wo sind Nischen? Wer ist Ihre Zielgruppe und was machen Ihre Wettbewerber anders, besser oder schlechter als Sie?

Noch existieren keine Studien zum Thema Journalisten und Marketing. Noch hat niemand untersucht, wie Marketing unternehmerischen Erfolg mitbestimmt. Und auch ein umfassendes Marketing-Handbuch speziell für freie Journalisten ist ein absolutes Novum am Markt. Das mag mit dem Image von »Marketing« zusammenhängen, das in manchen Köpfen herumspukt: Marketing – eine Schickimicki-Disziplin. Was wiederum aus einem falsch verstandenen Marketingbegriff resultiert, der Marketing mit Werbung gleichsetzt.

Doch Marketing bedeutet nicht schlicht Werbung, sondern setzt auf eine ganzheitliche unternehmerische Denk- und Handlungsweise. Ein Vorgehen, das sich bewusst steuern und zum Erfolg führen lässt. Seminare zum Thema »Marketing für freie Journalisten« sind gut besucht. Doch oft lernen die Teilnehmer nur Teilbereiche kennen, beschäftigen sich schwerpunktmäßig mit der »Preispolitik« – dabei ist dies nur ein Bestandteil des so genannten Marketing-Mix aus den vier Komponenten Preis-, Produkt-, Distributions- und Kommunikationspolitik.

Zudem stehen oft »klassische« Existenzgründerthemen im Vordergrund dieser Kurse, von der Büroausstattung bis zur Mitgliedschaft in der Künstlersozialkasse. Ohne Frage wichtige und sinnvolle Themen und eine Basis, auf die kein Existenzgründer und Einsteiger verzichten kann. Doch Marketing fängt hier erst richtig an. Denn eine bewusst gewählte Marketingstrategie schlägt sich in jeder Handlung nieder, in Ihrem Kommunikationsstil genauso wie in Ihrem Auftritt im Internet. Marketing bietet die Möglichkeit, «mit System» erfolgreich zu sein.

Es hat Einfluss auf alle Bereiche Ihrer unternehmerischen Tätigkeit. Systematisch betriebenes Marketing hört nicht nach der Existenzgründung auf, sondern begleitet Sie durch Ihre ganze Karriere. Daher versteht sich dieses Buch nicht als Existenzgründerbuch, sondern als Handbuch für Journalisten, die erfolgreicher sein wollen, als sie es bisher waren oder als andere es sind. Sie lernen, Ihr Produkt gezielter zu verkaufen, wirkungsvoller zu kommunizieren und einfacher neue Auftraggeber zu gewinnen und zu halten. Mit zahlreichen Anregungen und einer Vielzahl von Tipps begleitet es Ihre »Unternehmung« bis hin zu Ihrem persönlichen Marketingziel. Dazu liefert es Dutzende Checklisten und jede Menge Internet-Adressen – vom Eintragsverzeichnis für Journalisten über die Medien-Visitenkarte bis hin zur Mailingliste.

Da sich bislang noch niemand umfassend Gedanken über das Thema gemacht hat, war ich beim Schreiben auf die Hilfe von Kollegen angewiesen. Als Beraterin durfte ich in den letzten 12 Jahren zahlreiche Journalisten und Autoren beim Auf- und Ausbau ihrer Selbstständigkeit begleiten. So konnte ein Handbuch für Praktiker entstehen statt eines Buches über graue und praxisferne Marketingtheorie.

Der größte Dank geht aber an meinen Mann und Kollegen Christoph Forsthoff. Seine Erfahrung hat mir auch den Blick auf die extrem schwierige Situation freier Tageszeitungsjournalisten eröffnet, zudem steuerte er wertvolle Tipps zum Thema »Mehrfachverwertung« bei. Meinen Lesern wünsche ich, dass sie viel Nutzwert aus diesem Buch ziehen mögen und es ihnen mit Hilfe der Tipps gelingen möge, sich erfolgreich am Markt zu positionieren.

Mehr Informationen finden Sie auf meiner Website unter *www.karriereundentwicklung.de* und Aktuelles in meinem Blog unter *www.svenjahofert.de*. Auch bei Facebook (*www.facebook.com/svenjahofert*) und Twitter (*www.twitter.com/svenjahofert*) können Sie mir folgen.

Hamburg, im März 2012   Svenja Hofert

2 »Klappern« gehört nicht zum Handwerk: Sie müssen es lernen

Journalist zu sein – das ist für viele junge Leute ähnlich reizvoll wie Schauspieler, Schriftsteller, Musiker. Doch die Nachfrage ist groß, das Angebot rar. Vor allem fest angestellte Positionen gibt es wenige. Hinzu kommt der massive Stellenabbau der letzten Jahre. Und die Tendenz kleiner Verlage und Agenturen, aber auch großer TV- und Radioanstalten, Journalisten auf freiberuflicher Basis in angestelltenähnlichen Verhältnissen zu beschäftigen.

Große Nachfrage, kleines Angebot: Das drückt auf Marktpreise. Um überhaupt einen Job zu bekommen, geben sich viele für Dumpinglöhne hin. Und bewundern die Kollegen, die »gut im Geschäft sind«. Wie schaffen die denn das? Was ist das Geheimnis des Erfolges von Journalisten, die mit ihren Honoraren nicht einfach nur über die Runden kommen, sondern sogar gut davon leben können?

Es existiert keine Statistik, doch es ist schon aufschlussreich, sich einfach einmal umzuschauen und zu vergleichen. Etwa die Art, wie sich Journalisten im Internet präsentieren und die (Omni-)Präsenz bestimmter Kollegen in verschiedenen Medien. Da gibt es Autoren, die schreiben für ZEIT, Manager Magazin, aber auch für unbekannte Fachblätter. Andere geben Broschüren heraus, schreiben Bücher oder umfassende Fallstudien.

Gut im Geschäft sind oft die »Darsteller« – nicht etwa die, die besonders gut schreiben können, sondern die, die sich gut vermarkten. Das sind wenige: Klappern gehört im Journalismus ja eigentlich nicht zum Handwerk.

Deswegen zollen Kollegen denjenigen, die Themen »gnadenlos« mehrfach verwerten, überall an Bord sind und an jedem Finger einen Auftraggeber haben, statt Bewunderung häufig Neid. Auch wer sich Sonderhonorare für seine Arbeit aushandelt, die über dem Durchschnitt liegen, macht sich unbeliebt.

Warum reden Journalisten so ungern über Geld? Warum fällt es gerade ihnen so schwer, die Arbeit des Anderen zu akzeptieren – auch unter dem Blickwinkel der erfolgreichen Vermarktung? Wieso wird oft unter den Tisch gekehrt, dass journalistische Arbeit mit Gewinnerzielungsabsicht erfolgt, also kommerziell ist? Jeder Journalist ist auch ein Unternehmer.

Es mag daran liegen, dass viele in eine freie Tätigkeit schlittern, ohne dies wirklich zu wollen und ohne überhaupt ein »Unternehmer-Typ« zu sein. Hinzu kommt das mitunter arrogante Verhalten mancher Auftraggeber, die Freie nicht als Selbstständige, sondern als Zweite-Klasse-Mitarbeiter ansehen – Arbeitnehmer ohne Arbeitsvertrag. Es liegt aber auch ganz entscheidend an den Journalisten selbst, die sich brav in dieses Schema einfügen und ihr unternehmerisches Potenzial nicht nutzen.

2.1 Jeder Freie braucht eine eigene Marketing-Strategie

Ob fester Freier oder »echter« Selbstständiger: Die Frage nach den Erfolgsrezepten der großen Vorbilder beschäftigt alle: Wie machen die denn das?

Die Antwort: Sie vermarkten sich gut. Sie wissen genau, was sie können und wollen. Manchmal ist dieser Erfolg zufällig (dann ist das Marketingdenken schon in die Wiege gelegt), oft ist er strategisch geplant. Ohne Marketing kann kein Unternehmen bestehen. Und da auch ein Journalist ein Unternehmer ist, ein Ein-Mann-Unternehmer, muss auch er Marketing betreiben.

Doch was bedeutet Marketing für Journalisten? Mit Werbung, oft als Synonym verwendet, hat dieser Begriff wenig zu tun. Marketing ist vielmehr die ganzheitliche Philosophie, ein Unternehmen zu führen und an den Bedürfnissen des Kunden und Auftraggebers auszurichten. Eine Denkweise, die sich in jedem Schritt nach innen und außen widerspiegelt.

Je bewusster Sie diese Schritte unternehmen, desto eher erreichen Sie auf geradem Weg Ihr Ziel. Auch Zielsetzung gehört zum Marketing: Nur mit klaren Visionen von dem, was Sie erreichen wollen, schaffen Sie es, wohin Sie wollen. Immer vorausgesetzt, Sie haben Talent oder handwerkliches Können, und im Idealfall beides.

Dafür sind nicht einmal große Investitionen nötig, nur das, was Sie bei einer Unternehmensgründung ohnehin brauchen: Rücklagen, um Durststrecken zu überbrücken. Ein bisschen Startkapital für Visitenkarten, Briefpapier und die Büroausstattung. Der Rest kostet Sie nur Zeit – Zeit, die langfristig gesehen gut investiert sein sollte, aber erst einmal kein Geld einbringt. Durch cleveres Marketing gewinnen Sie leicht neue Auftraggeber: Wenn Sie sich über Ihr Verkaufsargument, den USP (Unique Selling Proposition) klar sind, fällt es Ihnen beispielsweise auch leichter, Auftraggeber direkt anzusprechen. Wenn Sie die Grundlagen erfolgreichen Telefonmarketings auf Ihre Akquise von Aufträgen übertragen, überzeugen Sie leichter.

Auf den folgenden Seiten lernen Sie, Ihre ganz persönliche Marketingstrategie zu entwickeln. Ob Networking, Empfehlungsmanagement oder Aufbau der eigenen Website: Sie erfahren, wie Sie sich zum begehrten Partner Ihrer Auftraggeber, zur »Marke« machen. Dabei erhalten Existenzgründer, aber auch Freie, die schon länger im Geschäft sind, viele sofort einsetzbare Praxis-Tipps. Ein thematischer Schwerpunkt liegt dabei auf dem Internet, da dieses gerade für Journalisten zahlreiche Möglichkeiten bereit- hält, die eigene Popularität aufzubauen und zu fördern. Es zeigt, wie Sie Bedarf erkennen und darauf reagieren. Damit Sie schon bald von anderen (heimlich) beneidet werden. Weil auch Sie »gut im Geschäft« sind.

2.2 Ein wenig Theorie: Was ist überhaupt Marketing?

Wie lässt sich ein so komplexer Begriff wie Marketing auf einen Nenner bringen? Hier ein Versuch:

Marketing ist der Prozess, durch den ein Unternehmen, eine Organisation oder ein Unternehmer auf kreative, produktive und Gewinn bringende Weise eine Beziehung zum Markt herstellt.

Marketing als unternehmerische Geisteshaltung spiegelt sich in jeder Maßnahme wider. Anders als das verstaubte und oft als Synonym gebrauchte Wort »Absatzpolitik« legt es ausschließlich die Bedürfnisse des Kunden zugrunde.

Allen Marketingmaßnahmen voran geht die Definition der Marketingziele. Was und wer soll überhaupt erreicht werden? Aktives Marketing, die Maßnahmen, spiegeln sich im so genannten Marketing-Mix wider. Dabei handelt es sich um verschiedene Marketing-Instrumente, die ineinander greifen. Der Mix beinhaltet die vier absatzpolitischen Instrumente Produktpolitik (auch Programm- und Sortimentspolitik), Preispolitik, Distributionspolitik und Kommunikationspolitik. In manchen Definitionen findet sich zudem als fünftes Instrument der Bereich »Service« wieder.

Was sind Ihre Produkte?

Wenn Sie den Begriff des Marketing-Mix auf Ihr eigenes Unternehmen übertragen, ist Ihre Arbeit – Ihre Dienstleistung – als Ihr Produkt anzusehen oder auch Ihr »Sortiment«. Ihr Produkt ist nicht nur einfach journalistische Arbeit – die bieten andere auch. Werden Sie konkreter und spezieller: Ihre Produkte können beispielsweise Texte für Existenzgründer sein. Der Journalist Sebastian Hanny macht mit seinem Unternehmen Startupmedia vor, wie sich Nischen finden und besetzen lassen. Zu seinem Angebot gehört das Schreiben von Pressemitteilungen für Existenzgründer und auch die Beratung dieser Zielgruppe. Damit hat Hanny eine zielgruppenorientierte Spezialisierung gewählt. Zielgruppe sind hier die Existenzgründer. Möglich ist daneben auch die Spezialisierung über ein Fachthema (z.B. Video-Technik) oder durch eine bestimmte Problemlösung (z.B. Urlaubsvertretung Schlussredaktion oder zu Spitzenzeiten).

Auch Sie selbst sind ein Produkt – auch wenn sich dies für Sie vielleicht komisch anhört. Ihr Produkt ist die Art, wie Sie auftreten, Ihre Zuverlässigkeit, Ihr Talent bei der Themenfindung oder beim Schreiben. Ihr Produkt besitzt also sowohl harte (Fachkenntnis, Erfahrung) als auch weiche (Persönlichkeit) Facetten. Über beides sollten Sie sich im Klaren sein und wenn Sie sich selbst vorstellen (und damit auch verkaufen) diese Punkte auch überzeugend mündlich und schriftlich darlegen können.

Fast immer tritt nach einigen erfolgreichen Jahren am Markt eine Sättigung ein. Als Coach für die Medienbranche erhalte ich dann typische Anrufe, die vom Inhalt immer ähnlich sind. Ein Beispiel: »Ich war immer ganz gut im Geschäft, mit Höhen und Tiefen, aber plötzlich kommen keine Aufträge mehr. Können Sie mir helfen?« Marketingtechnisch ist hier die Produktpflege auf der Strecke geblieben und passiert, was in so einem Fall passieren muss: Eine Sättigungsphase ist eingetreten, das Geschäft beginnt sich rückwärts zu entwickeln – wenn der Journalist sich nicht neu positioniert und sein Produkt den aktuellen Anforderungen anpasst. Dazu gehört auch die Gewinnung neuer Zielgruppen und Auftraggeber.

Besteht mit dem aktuellen Geschäftsmodell bei der anvisierten Zielgruppen aufgrund der gegenwärtigen Situation (kein Geld, zu viel Konkurrenz) keine Aussicht mehr auf Erfolg ist ein »Relaunch« ratsam – also eine Überarbeitung des vorhandenen Angebots und Neueinführung neuer Produkt – ist. Beispiel: Eine Radiojournalistin mit Schwerpunkt bildender Kunst hatte

jahrelang Dreiminüter konzipiert und gesprochen. Nachdem diese Redelän-
ge nicht mehr gefragt ist, entschied sie sich, es auf dem Markt der an-
spruchsvolleren Features zu versuchen und parallel Beiträge für Verlage zu
schreiben.

Als Unternehmer sind Sie auch »Produktmanager«. Es ist Ihre Aufgabe,
Ihre journalistische Arbeit in den Markt einzuführen und Abnehmer dafür
zu finden. Gibt es keine oder nicht genügend oder nicht ausreichend zah-
lungskräftige Abnehmer, so müssen Sie auch Ihr Produkt verändern und
möglicherweise ganz aufgeben. Das fällt Journalisten extrem schwer. Sie
neigen dazu über das mangelnde kulturelle Bewusstsein und die Ausbeuter
zu jammern. Unternehmerisch denken heißt aber: nicht jammern (denn
Jammern bedeutet Stagnation) und stattdessen nach vorne zu schauen und
Nischen zu suchen, in denen noch Geld bezahlt wird. Auch wenn sich ein
Journalist – der traditionell sehr gerne inhaltlich arbeitet – in diesen Nischen
weniger gut selbst verwirklichen können.

Preispolitik

Was billig ist, ist nicht gut – wer zu billig arbeitet, macht sich den Markt
kaputt und wird sich langfristig nicht etablieren. Seine eigenen Honorare
festzusetzen ist Teil des Marketings und ist der nächste Schritt, nachdem das
Produkt definiert worden ist. Je spezieller dieses ist, desto teurer darf es in
der Regel auch sein. Besondere Erfahrung, Zertifizierungen oder Ausbildung rechtfertigen auch im journalistischen Umfeld höhere Preise. Definieren Sie deshalb einen Ihrem Angebot entsprechendes Preispaket aus Stun-
den- und Tagessatz. Variieren Sie dieses Paket der Zielgruppe entsprechend.
So bezahlen Unternehmen in der Regel sehr viel mehr als Agenturen. Innerhalb der Unternehmen gibt es wiederum Branchenunterschiede: Diese sollten Sie im Rahmen einer Marktforschung und durch Gespräche mit Bran-
cheninsidern ermitteln.

Die Preispolitik eines klassischen, im Wesentlichen für Verlage, Sender
und Zeitungen bzw. Zeitschriften tätigen Journalisten ist allerdings stark von
Nachfrage und Angebot, aber auch von etablierten »Honorartraditionen« im
Journalismus bestimmt. Jedoch besteht auch hier oft mehr Spielraum als
angenommen wird, vor allem im Magazinbereich, bei Aufträgen von Institutionen oder aus der freien Wirtschaft. Übrigens: Kapitel 20 beschäftigt sich
ausführlich mit diesem Thema.

Distributionspolitik

Wem biete ich meine Beiträge an, wie vertreibe ich sie? Kann ich medienübergreifend tätig werden? Möchte ich Artikel per Auftrag oder über einen Bauchladen als schon fertig geschriebene Manuskripte verkaufen – oder beides? Auch die Distribution gehört zum Marketing. Sie legt fest, über welche »Schiene« Sie Ihre Produkte absetzen. Hier hinein fällt auch Ihre Entscheidung zur Mehrfachverwertung von Themen, wenn Sie diese z.b. medienübergreifend vermarkten. Auch die Frage, ob Sie im direkten Auftrag für Firmen oder über eine Agentur – also als freier Mitarbeiter im indirekten Auftrag – tätig werden, fällt letztendlich in diesen Bereich.

Kommunikationspolitik

Was möchte ich eigentlich in der Öffentlichkeit erreichen? Wie will ich wirken? Wie kommuniziere ich mich als Persönlichkeit und meine Arbeit als mein Produkt, um die gewünschte Wirkung zu erreichen? Brauche ich dazu eine Internetseite (ja!)? Benötige ich eine Visitenkarte (ja!)? Ist ein Flyer sinnvoll (nicht immer!)? Wie gestalte ich mein Profil (dies brauchen Sie immer!)?

Alles, was Sie öffentlich machen und zeigen, sollte im Einklang mit Ihren Marketingzielen stehen. Das betrifft Ihren persönlichen Umgang mit Auftraggebern, Ihre Korrespondenz, die Akquise und schlägt sich selbstverständlich auch in der Art Ihres Services nieder.

Service

Nur wer aktiven Service betreibt, wird seine Auftraggeber langfristig an sich binden können. Ob es um das Nachbessern von Texten, das Einreichen neuer Themenideen oder um konkreten Rat bei speziellen Themen geht: Entscheiden Sie sich, wo Sie Ihre Service-Schwerpunkte setzen! Nicht wenige Journalisten und Medienleute sind deshalb erfolgreich, weil Sie Ihren Auftraggebern einen Top-Service bieten. Da organisiert der eine gleich eine Vortragsmöglichkeit für seinen Auftraggeber und der andere stellt Adressen zusammen... Das entscheidende Stück »Mehr-tun-als-andere« macht guten Service auf. Dazu gehört übrigens auch die dauerhafte Erreichbarkeit, mindestens via Umleitung aufs Handy sowie die Info über Urlaube und Abwesenheiten.

Produkt	Preis
Distribution/ Vertrieb	Kommuni- kation

Der Marketing-Mix: Erst definieren Sie Ihr Produkt (was biete ich an?). Davon ausgehend legen Sie fest, was dieses Produkt oder die einzelnen Dienstleistungen wert sind (Preis), bevor Sie festlegen über welche »Kanäle« Sie verkaufen (über eine PR-Agentur beispielsweise oder direkt an eine Zeitschriftenredaktion). Der letzte Punkt ist die Kommunikation: Wie sagen Sie, dass es Sie und Ihr Produkt gibt? Wie stellen Sie sich dar?

2.3 Praktische Erfolgs-Grundlagen: Die 7Ks für Ihr Marketing

Die erfolgreichsten Journalisten und Redaktionsbüros nutzen alle Instrumente des Marketing-Mix. Sie haben den Markt analysiert, eine Nische entdeckt und diese besetzen können. Vielleicht sind sie Experten für ein bestimmtes Fachgebiet oder haben eine spezifische Art entwickelt, Themen aufzubereiten. In jedem Fall trägt Ihre Arbeit eine eigene Handschrift, sie besitzen gute Beziehungen und kennen »Hinz und Kunz«, Gott und die Welt. Ihre Auftraggeber kommen auf Sie zu. Sie wissen, wo und wie und über wen Sie sich Insider-Informationen beschaffen und wie Sie den eigenen Artikeln den richtigen Biss geben und den entscheidenden Schliff verleihen.

Wie Sie auch so erfolgreich werden? Ein paar Tipps vor dem Start:

1. Konzept ausarbeiten: Sie müssen Ihren Erfolg planen

Viele talentierte Schreiber vermarkten sich nicht richtig. Um als Journalist erfolgreich zu sein, müssen Sie erst einmal Ihr Handwerk beherrschen und Talent zum Schreiben besitzen. Wenn Sie als freier Journalist am Markt bestehen möchten, sind Ihre Ideen und Managementfähigkeiten mindestens genauso wichtig. Wie positionieren Sie sich zwischen den vielen freien Journalisten? Wo ist Ihre »Nische«? Was unterscheidet Sie von Müller, Meyer, Fritz? Wenn Sie den Unterschied nicht allein finden, arbeiten Sie ihn mit einem Coach heraus. Es kann auch sein, dass sich der Unterschied erst durch die Arbeit entwickelt, denn nicht jeder Journalist startet direkt mit der nötigen Basis für eine Spezialisierung. Aber selbst dann ist es wichtig, frühzeitig zu planen, in welche Richtung eine Entwicklung sinnvoll ist.

2. Kunden: Wer ist Ihre Zielgruppe?

Ja, auch Sie haben eine Zielgruppe. Das sind in erster Linie Ihre Leser, Zuhörer und Zuschauer. Wenn Sie gerne gelesen, gehört und gesehen sind, dann ist der Erfolg nicht weit. Bauen Sie einen Draht zu Ihrer Zielgruppe auf und versuchen Sie, Ihr mit Ihren Beiträgen stets möglichst nahe zu sein.

Aber auch Ihre Auftraggeber in den Redaktionen sind Ihre Kunden. Auch sie möchten gut – und das heißt zielgruppengerecht – behandelt werden. Möglich, dass Ihre Texte gut ankommen, Sie aber dennoch keine Aufträge bekommen. Die für einen Auftrag wichtigen Vorentscheidungen spielen sich nicht auf der fachlichen, sondern auf der zwischenmenschlichen und oft unterbewussten Ebene ab. Ganz wichtig für Ihren Erfolg ist es daher, die Bedürfnisse Ihres Gegenübers, in dem Fall des (Chef-) Redakteurs einzuschätzen. Dauerauftraggeber gewinnen Sie nur, wenn Sie es schaffen, eine Beziehung zu diesen aufzubauen und die Zusammenarbeit auf eine emotionale Basis zu stellen. Deshalb ist regelmäßiger Kontakt so wichtig. Rufen Sie immer mal wieder zwischendurch an, erkundigen Sie sich nach Artikeln, fragen Sie auch nach, wie etwas angekommen ist.

3. Konkurrenz: Was macht der Wettbewerb?

Wie können Sie sich durch Ihre Leistung vom Wettbewerb abheben, anders und erfolgreicher sein? Vielleicht nutzen Sie ein besonders gut ausgebautes Netzwerk, das andere in dieser Form nicht besitzen oder nicht aufbauen können, weil Ihnen die kommunikativen Fähigkeiten fehlen. Vielleicht ist Ihr Einfallsreichtum bei der Themenfindung Basis für eine effektive Form der Vielfachverwertung. Vielleicht grenzen Sie sich auch durch spezielle Kenntnisse und Erfahrungen oder aber einen Experten-Status von den Wettbewerbern ab? Beobachten Sie permanent, was der Wettbewerb macht. Dabei ist der Wettbewerb nicht jeder Journalist, sondern all diejenigen Journalisten, die die gleichen Aufträge erledigen können wie Sie. Je weniger das sind, umso besser für Sie und Ihren Preis.

4. Kontakte knüpfen

Gerade am Anfang der selbstständigen Tätigkeit empfiehlt es sich für Sie, viel unterwegs zu sein, neue Leute kennen zu lernen, Kontakte zu knüpfen. Machen Sie sich nicht nur bei Auftraggebern, sondern beispielsweise auch in den Medien bekannt, etwa durch eine Ankündigung Ihrer Existenzgründung im *Kress Report*. Wenn Sie in die Öffentlichkeit gehen, sollten Sie bestens ausgerüstet sein mit Dingen, die es Menschen erleichtern, mit Ihnen in Kontakt zu treten: E-Mail-Adresse und Visitenkarten beispielsweise.

5. Konzentration auf Marktnischen

Viele Journalisten möchten thematisch einen möglichst großen Bereich abdecken, anstatt sich erst einmal eine Marktnische zu erobern. »Ich mache alles« ist aber fast so wie das Eingeständnis »Ich kann nichts richtig«. Wenn Sie sich nicht auf Kernbereiche – inhaltlich oder stilistisch – konzentrieren, schaffen Sie es nicht, Ihre Arbeit ökonomisch zu organisieren, Synergieeffekte zu nutzen und verzetteln sich. Konzentration ist die potenteste Erfolgsformel im Marketing überhaupt.

6. Kreativität – Entwickeln Sie eigene Ideen

Dieses Buch bietet Ihnen viel Grundlagen-Know-how und hält zahlreiche Anregungen parat. Doch jede Geschäftsidee braucht ein anderes Konzept, jeder muss seinen eigenen Weg zum Erfolg gehen. Sie müssen selbst aktiv werden und spezifische Ideen für Ihr eigenes Produkt und Ihr eigenes Gesamt-Marketing entwickeln.

7. Konstanz – Sie brauchen jede Menge Geduld

Vielleicht müssen Sie zehnmal ein »Nein« einstecken, bis Sie ein einziges »Ja« oder auch nur ein »Schicken Sie mal« hören. Auf Absagen sollten Sie gefasst sein. Im engeren redaktionelleren Bereich beziehen diese sich oft weniger auf Sie als Person, sondern vielmehr auf bestimmte Themenvorschläge. Eine Absage ist deshalb für Sie die beste Gelegenheit noch einmal genauer nachzufragen, was der andere eigentlich möchte und brauchte. Zweite, dritte, vierte Versuche sollten folgen.

Bezieht sich die Absage eher auf Ihr Gesamt-Produkt als auf ein konkretes Thema (»derzeit brauchen wir keine freien Mitarbeiter«), sollten Sie sich von einer Absage erst recht nicht abschrecken lassen. Fragen Sie stattdessen, wann Sie sich wieder melden dürfen und ob Sie sich trotz des derzeit nicht akuten Bedarfs einfach einmal unverbindlich vorstellen können.

Versuchen Sie eine Absage nicht als Absage an Ihre Fähigkeiten zu sehen: Oft spielen ganz andere Dinge eine Rolle oder auch schlicht die Tatsache, dass aktuell wirklich kein Bedarf ist. Nur wer hartnäckig ist und sich vom ersten »Nein« nicht abhalten lässt, erreicht seine Ziele. Mir ist ein Journalist bekannt, der zehn Mal bei einer Einrichtung anrufen musste, bevor er die relevante Dame erwischte. Immer wieder sprach er mit der Sekretärin, nie wurde er durchgestellt. Andere hätten da längst aufgegeben oder das Nicht-Zurückrufen auf sich selbst bezogen. Dabei hatte die Ansprechpartnerin einfach wirklich keine Zeit und vergaß den Rückruf einfach – ihr war das nicht so wichtig. Dieser Journalist blieb dran und ergatterte so einen langfristigen PR-Auftrag.

3   Mein Ziel: Was will ich erreichen?

»Wer etwas wirklich will, erreicht es auch«. Wahrscheinlich haben Sie diesen Satz schon öfter gehört. Doch glauben Sie auch daran? Womöglich nicht – vor allem dann nicht, wenn Sie bereits einschlägige Erfahrungen mit dem Nicht-Erreichen von Zielen gemacht haben.

»Ich will doch und habe es immer noch nicht bis ins Impressum des Spiegels geschafft.« Ziele, die nicht erreicht werden, sind meistens Ziele, die zu hoch gesteckt sind oder zu wenige Zwischenstationen einplanen. Manche Menschen schaffen es direkt von 0 auf 100, doch die meisten müssen öfter einmal auftanken, bevor Sie weiter Richtung Ziel fahren. Hier ist es wichtig, zu wissen, wo Sie jeweils hinsteuern. Sie sollten sich auch ein paar schöne Orte zum Pausieren suchen. Vor der Weltumseglung erst mal einen Segeltörn in Griechenland unternehmen. Oder, anders ausgedrückt: Anfangs kleinere Brötchen backen.

Unternehmerisch erfolgreiche Menschen wissen ganz genau, was sie wollen. Sie steuern erst mal auf realistische Ziele zu, bevor sie daran gehen, den großen Traum zu realisieren. Der Tellerwäscher etwa begnügt sich erst mal damit, Restaurantchef zu werden, bevor er eine Restaurantkette gründet und zum Millionär aufsteigt.

Lassen Sie einmal alles stehen und setzen Sie sich hin. Schließen Sie die Augen. Denken Sie nach. Was ist Ihr Ziel als freiberuflicher Journalist? Was möchten Sie mit Ihrem Tun erreichen? Wo wollen Sie stehen – in einem Monat, einem Jahr, fünf Jahren...?

Ist Ihnen das alles klar?

»Gar nicht so einfach, Ziele festzulegen«, antworten Sie vielleicht. Oder »Hm, so lange, fünf Jahre, so lange will ich eigentlich gar nicht planen.« Vielleicht schießt es auch aus Ihnen heraus: »Ich möchte ja eigentlich so schnell wie möglich eine feste Stelle als Redakteur!« Oder: »Ich will Geld verdienen und Freude am Job haben!«

Wahrscheinlich werden viele von Ihnen Ziele vor Augen haben, die wenig konkret sind. Was heißt, dass Sie mit einer ganzen Horde von Kollegen auf ein ähnliches Ziel zusteuern. Doch ist das wirklich ein Ziel, was Sie eben genannt, niedergeschrieben oder gedacht haben? Sehen Sie es vor Augen? So klar, wie – jaja, öffnen Sie die Augen wieder – diesen Computer, das Telefon, die Schreibtischlampe? Können Sie Ihr Ziel fassen, hat es Konturen? Ahnen Sie, wie es sich anfühlt, Ihr Ziel erreicht zu haben? Sehr wahrscheinlich nicht. Sehr wahrscheinlich steuern Sie geradewegs auf eine ziemlich unklare Vorstellung zu. Also noch mal: Augen zu!

Augen zu!

Wahrscheinlich haben Sie dieses Mal ein wenig länger gebraucht und mehr Worte gemacht oder niedergeschrieben.

Gute Ziele sind konkret, positiv formuliert und erreichbar. »Bloß kein Service-Journalismus« ist beispielsweise ein negatives Ziel. Wenn nicht Service-Journalismus, was wollen Sie dann? Die Umkehrung von NICHT-Wollen ist nicht einfach WOLLEN.

Sie sollten sich auch nie mit einem negativen Ziel identifizieren, zumal ein negatives – oder negativ formuliertes – Ziel im Grunde genommen gar keines ist. Wenn Sie von der Zielgeraden zurücklaufen, landen Sie wieder bei »Start«.

Ein einzelner kurzer Satz kann sehr aussagekräftig sein. Viele einzelne kurze Sätze stehen für sich. Bei der Zieldefinition jedoch reicht ein Satz erfahrungsgemäß nicht aus, weil sich in der Kürze kaum genügend Eckpunkte erfassen lassen, die eine Aussage konkretisieren würden. Die W-Fragen kennen Sie aus Ihrer journalistischen Praxis ja zu Genüge. Wenden Sie diese ruhig auch an, wenn Sie Ihr eigenes Ziel finden möchten. Wie möchten Sie Ihr Ziel erreichen, mit welchen Mitteln, in welchem Zeitraum? Und: Sind Zwischenschritte sinnvoll? Müssen Sie zwischendurch verschnaufen, sich schöne Stationen für einen angenehmen Zwischenstopp ausdenken?

Alles klar – aber was ist denn nun eine positive Ziel-Definition? Zum Beispiel diese: »Ich will in einem Jahr acht verschiedene Auftraggeber in den Wirtschaftsressorts großer Magazine und Fernsehanstalten gewinnen. Dabei möchte ich mich auf den Themenkreis Unternehmen spezialisieren, mein Wissen aus meinem Politikstudium nutzen und die überregionalen Kontakte ausbauen, die ich aufgrund meines politischen Engagements habe.«

22

3.1   Die Ziel-Formel PASBRAGÖR

Ziel ist nicht gleich Ziel. Ob Ihre Ziele erreichbar und erfolgversprechend sind, können Sie mit der Formel PASBRAGÖR ermitteln.

P wie Positiv:
Denken Sie an das, was Sie wollen und nicht an das, was Sie nicht wollen. Streichen Sie das Wort »nicht« aus Ihrem Repertoire.

Mit **a**ktiver Beteiligung:
Was wollen Sie konkret tun, und wie wollen Sie es angehen?

Spezifisch!
Alle W-Fragen beantwortet? Fragen Sie »wer, wo, wann, was und wie genau«?

Beweis
Was ist der Beweis, dass Sie Ihr Ziel erreicht haben? Wie fühlt sich das Ziel an? Was sehen und hören Sie?

Ressourcen
Haben Sie genügend Kapital, um die bei jeder Existenzgründung notwendige Durststrecke zu überbrücken? Wer kann Sie unterstützen? Ist die Büroausstattung ausreichend? Gibt es jemanden, der Ihre Kinder versorgt, während Sie arbeiten?

Größe
Müssen Sie gleich mit dem Pulitzer-Preis starten? Zerlegen Sie ein zu großes Ziel lieber in kleine, überschaubare Wegstücke. Als Jogger fangen Sie auch nicht gleich mit dem 42-Kilometer-Marathon an. Ein zu weit gestecktes Ziel kann demotivierend sein, weil die Strecke von der Ausgangssituation zum gewünschten Zustand einfach viel zu weit ist.

Ökologie-Rahmen
Welche Konsequenzen hat die Erreichung Ihres Ziels für Ihre unmittelbare Umgebung? Muss Ihr Lebenspartner die eigenen beruflichen Ziele einschränken, weil Sie ständig unterwegs sein werden? Hat der »Aufstieg« zu höheren journalistischen Weihen zur Folge, dass Sie andere Auftraggeber

aufgeben müssen? Steht eine geplante PR der journalistischen Tätigkeit im Wege?

Stellen Sie sich zum Schluss die Frage, ob Sie Ihr Ziel jetzt und sofort einlösen würden, wenn Sie es bekämen. Viele Menschen setzen sich Ziele, die sie unbewusst gar nicht wirklich erreichen möchten. Jeder möchte gern Multimillionär werden, doch wer über die unmittelbaren Konsequenzen nachdenkt, nimmt dann doch Abstand von diesem Wunsch. Auch berufliche Ziele können vom Unterbewusstsein vorgeschoben sein, z.B. um tiefer liegende Probleme zu überdecken. Viele Menschen legen sich selbst Steine in den Weg, weil sie ihr Ziel nicht wirklich erreichen wollen. Hindernisse werden oft nur auf den zweiten Blick erkannt. Beispiel: Sie möchten sich als freier Kommentator einen Namen machen, um möglichst bald wieder in eine Festanstellung zu wechseln, planen, sich auf alle geeigneten Stellen zu bewerben. Bei genauerem Hinterfragen ist es die Angst davor, Ihre Unabhängigkeit zu verlieren, die Sie hindert, Bewerbungen zu schreiben. Wenn Sie wirklich genau hinsehen, gibt es genügend Jobangebote. Vielleicht war es nur das Sicherheitsbedürfnis Ihrer Freundin, das Sie nach einem festen Anker greifen ließ. Ihnen selbst ist Unabhängigkeit viel wichtiger.

3.2 Etappenziele beschleunigen: Ihr Zielerreichungs-Tempo

Alles, was weit entfernt ist, berührt uns weniger. Manchmal rücken Nachrichten entfernte Ereignisse in unsere Nähe. Doch letztendlich bleiben sie trotzdem fern, lassen sich ganz einfach wieder wegschieben.

Ziele, die zu weit gesteckt werden, sind oft nur in unseren Tagträumen nahe. Die weite Entfernung verhindert, dass wir aktiv daran arbeiten, sie auch zu erreichen.

Beispiel: Ein junger Journalist, der bisher Texte für Online-Redaktionen aus dem Kulturbereich geschrieben hat, wird mit seinem Vorhaben, in Moskau ein Redaktionsbüro aufzumachen und deutsche Radio- und Fernsehsender mit Kulturbeiträgen aus Moskau zu beliefern, aus dem Stand heraus kaum Erfolg haben. Ein Etappenziel könnte für ihn sein, Russisch zu lernen. Ein weiteres, Kontakte nach Russland zu knüpfen.

Definieren Sie Ihre Etappenziele ebenso genau wie Ihr eigentliches Ziel. Arbeiten Sie auch hier mit der Formel PASBRAGÖR. Formulieren Sie Ihr jeweils aktuell gültiges Ziel. Hängen Sie es über Ihren Schreibtisch oder bauen Sie es als Hintergrundbild auf Ihrem Computer ein: Sorgen Sie dafür, dass Ihnen Ihr Ziel immer gegenwärtig ist.

3.3   Definieren Sie jeden einzelnen Schritt

Da Sie jetzt eine sehr genaue Vorstellung von Ihren Zielen besitzen, ist die wesentliche Voraussetzung geschaffen, diese auch zu erreichen: Motivation. Durch klare Perspektiven beflügelt, dürfte es Ihnen leichter fallen, Wege zur Zielerreichung zu finden und mit Engagement zu beschreiten.

Vielleicht ist es eines Ihrer Etappenziele, über zwei Monate hinweg pro Woche einen potenziellen neuen Auftraggeber zu gewinnen. Jetzt gehen Sie daran, die einzelnen Schritte aufzuzeichnen, die notwendig sind, um das Ziel zu erreichen. Wie viele Personen müssen Sie ansprechen? Wie sprechen Sie diese Personen so an, dass Sie auch das Kleinstziel – diese spezielle Redaktion von sich zu überzeugen – auf eine Art und Weise in Angriff zu nehmen, dass es ein Schritt nach vorn auf dem Weg zur Erreichung Ihres großen, übergeordneten Ziels wird.

Sie sollten versuchen, von Anfang an mit System zu arbeiten. Kleinstziele – etwa Wochen- oder Tagesziele – können Sie in Zeitplanbüchern verzeichnen. Sie können für diese Bücher auch eigene Vorlagen erstellen, etwa Tabellen, die auf der linken Seite die eigentliche Aufgabe und auf der rechten die zur Erfüllung benötigte Zeit beinhaltet. Auch Software-Programme wie Microsoft Outlook oder Lotus Notes sind nützliche Hilfsmittel bei der systematischen Zielerreichung.

4   Vom Ziel zum »Mission Statement«

Es ist hilfreich, Ziele vor Augen zu haben, sie zu fühlen und zu sehen, immer in ihrer unmittelbaren Gegenwart zu leben. Um Mitarbeitern eine Vision vor Augen zu halten, haben viele amerikanische Firmen ein Mission Statement ausgearbeitet, dass Ziele auf den Punkt bringen. So ein Mission Statement verfolgt etwa der Computervertrieb Dell. Dessen Statement lautet folgendermaßen:

»Dell will der Computerhersteller mit der höchsten Kundenzufriedenheit in den von uns bedienten Märkten sein. Dies wollen wir erreichen durch:

- Höchste Qualität

- Spitzentechnologie

- Attraktive Preise

- Verantwortung des Unternehmens und individueller Mitarbeiter

- Die besten Serviceleistungen und die beste Betreuung in der Branche

- Flexible Anpassung nach Kundenwunsch

- Vorbildliche, verantwortungsbewusste Unternehmenspolitik

- Finanzielle Stabilität«

Längst haben aber auch kleinere Firmen die Idee, Ziele in Form eines »Mission Statements« in Worte zu fassen, übernommen. So das österreichische Busreisen-Unternehmen Fischwanger:

»Unsere Mission ist es, alle Menschen, vom Schulkind bis zu RentnerInnen, sicher und bequem an JEDES Ziel zu bringen. Wir lassen jede Art des Reisens (Flug, Schiff, Taxi oder natürlich Bus-Genuss-Reisen) zum

Erlebnis werden. Was vor 20 Jahren mit einem Schulbus begann, entwickelt sich zu einem Busunternehmen mit zugehörigem Reisebüro und Taxigewerbe. Unser Ziel muss es sein, unsere führende Marktposition im Flachgau auszubauen. Die von uns verwendete Technologie gewährleistet höchsten Standard in Punkto Sicherheit und Komfort. Durch persönlichen Kontakt zum Kunden, umfassenden Service, geschulten Mitarbeitern und topausgestatteten Luxusbussen garantieren wir 100 Prozent Zufriedenheit.«

In vielen anderen Ländern, etwa in Kenia, ist es üblich, dass auch Bewerber ihr »Mission Statement« als »Career Objectives« im Bewerbungsschreiben darlegen. Damit teilen sie dem Unternehmen mit, wo sie hinwollen, was ihre persönlichen Karriereziele sind.

Die Mission enthält strategische Richtungsanweisungen, ist die Keimzelle Ihrer Corporate Identity und Leitidee jeden Marketings. In einem Mission Statement schwingt jedoch mehr mit als nur ein direktes Ziel. Auch die Art, wie es zu erreichen ist, wird angedeutet. Ebenso die Mittel und Wege: Durch sein Mission Statement bringt Fischwanger nicht nur zum Ausdruck, dass es die Marktführerschaft ausbauen möchte. Impliziert wird beispielsweise auch, dass Weiterbildung der Mitarbeiter eine große Rolle beim Erreichen der Ziele spielt, ebenso wie der persönliche Kontakt zu den Kunden.

Innovative Firmen veranstalten sogar spezielle Mitarbeiterschulungen mit dem Ziel, Mission Statements im Bewusstsein zu verankern. Denn nur, wenn jeder im Unternehmen weiß, wohin das Schiff steuern soll, zieht auch jeder einzelne am selben Strang, anstatt sein eigenes »Süppchen« zu kochen.

Doch nur wenige deutsche Firma besitzen eine klar definierte und für jeden Mitarbeiter, auf allen Hierarchieebenen, verständliche Mission. Dabei ist ein Mission Statement letztlich auch die Basis für die Entwicklung einer Firmenkultur, die nicht wild wächst, sondern bewusst gezüchtet wird. Kein Allheilmittel, sicher, denn es reicht nicht, ein Leitbild vor Augen zu haben.

Es umzusetzen ist eine andere, sehr viel schwierigere Aufgabe. Viele scheitern daran. Wer in seinen Leitlinien die Bedeutung von Kundenservice groß schreibt, jedem Kundengespräch der Hotline aber maximal drei Minuten Zeit einräumt, macht sich mit seinem Mission Statement unglaubwürdig. Ein Mission Statement schützt also nicht vor fehl geleiteter Firmenpolitik.

Ein gutes, ehrliches Mission Statement, an dessen Umsetzung permanent gearbeitet wird, ist jedoch die Basis, auf der sich auch eine Existenz gründen lässt. Ein Freiberufler mit Mission Statement ist ein Exot – ein Exot, der sich selbst durch seine klare, selbst festgelegte Marschrichtung einen Wettbewerbsvorteil verschafft. Dabei ist es für selbstständige Einzelkämpfer sehr viel einfacher als für Mehr-Personen-Unternehmen, eine Vision zu verinnerlichen. Schließlich ist es Ihre Vision, nur Sie arbeiten daran, diese zu verwirklichen. Zumindest so lange, bis Sie sich den ersten Mitarbeiter »leisten« können (wenn solche Expansion denn überhaupt zu Ihren Zielen zählt – auch dies wäre vorher zu definieren).

Mission Statement: Keimzelle für effizientes Marketing

Was aber kann Ihre Mission als Journalist sein? In einem Training hat eine werdende Reisejournalistin ihre Vision folgendermaßen formuliert:

> »Meine Mission ist es, Lesern Beiträge aus Südafrika zu liefern, die das Verständnis für Kultur und Politik, für Land und Leute wecken und verstärken. Als Korrespondentin möchte ich auch dafür Sorge tragen, dass sich das Image Südafrikas und der Südafrikaner in der deutschen Presse dahingehend verändert, dass das Erfassen der wirtschaftlichen Bedeutung dieses Landes mehr in den Vordergrund tritt. Ich möchte mich als Südafrikaexpertin profilieren und mit möglichst vielen deutschen Zeitschriften zusammenarbeiten.«

Das hier vorgestellte Mission Statement ist sehr lang und ausführlich. Oft macht es Sinn, neben einer langen auch eine kurze Version parat zu haben. Diese kurze Version können Sie auch in Gesprächen schnell an den Mann oder an die Frau bringen – oder sich als Erinnerung über den Schreibtisch heften. Einige Beispiele:

* »Ich helfe Bewerbern mit meinem Know-how.«

* »Ich teste Internetportale und liefere den Lesern nutzwertige Informationen.«

* »Ich möchte mit meinem Know-how als Steuerexperte eine Nische füllen.«

* »Ich möchte PR-Agenturen helfen, journalistisch aufbereitete Texte zu erstellen.«

- »Ich möchte Kulturredaktionen Texte von überregional relevanten Ereignissen aus Schleswig-Holstein anbieten.«

Das Niederschreiben eines Mission Statements macht für jeden Freiberufler Sinn. Je mehr Sie über Ihre Ziele nachdenken, desto klarer werden sie. Das Schreiben zwingt sie zudem zu einer verständlichen Aussage. Überlegen Sie sich, was Sie einem Bekannten sagen würden, der Sie fragt, was Sie erreichen möchten.

Die Langversion sollte neben den beruflichen auch die persönlichen Wertvorstellungen implizieren. Im Laufe Ihrer Karriere, also Ihres beruflichen Weges, können Sie immer wieder überprüfen, ob Sie sich noch auf dem einmal definierten Pfad befinden. Falls nicht, ändern Sie Ihr Statement und passen Sie es den neuen Umständen an – sofern diese für Sie reizvoll sind und Sie jetzt neue, andere Ziele weiter verfolgen möchten.

In der Langversion kann Ihr Statement zusätzlich auch Aussagen über die Art des Umgangs mit Redaktionen treffen. Alternativ dazu können Sie ein zweites Mission Statement erarbeiten, dass sich direkt auf Ihre Auftraggeber bezieht. Möchten Sie ein gutes Beziehungsnetzwerk aufbauen? Welche Hilfsmittel ziehen Sie heran (z.B. Website)? Wie möchten Sie nach außen hin erscheinen und auftreten?

Beispiele für auftraggeberbezogene Mission Statements (auch als Bestandteil einer Langversion zu nutzen):

- »Ich möchte der kompetente Ansprechpartner für alle Fragen im Bereich der Telekommunikationstechnik sein und auch außerhalb von konkreten Aufträgen immer über aktuelle Trends informieren.«

- »Ich möchte überzeugen durch Termintreue und die Sorgfalt, mit denen ich Themen bearbeite.«

Checkliste: Mission Statement

- Bitte keine Selbstverständlichkeiten! Durch Ihr Mission Statement müssen Sie auch klar zum Ausdruck bringen, wie Sie sich vom Wettbewerb unterscheiden.

- Bringen Sie einen klaren strategischen Ansatz in die Formulierung Ihres Statements. Implizieren Sie nicht nur, was Sie erreichen möchten, sondern auch wie Sie vorgehen wollen, um zu erreichen, was Sie wollen.

- Ihre (Dienst-) Leistungen müssen in einem strategischen Zusammenhang stehen, sich gegenseitig ergänzen. Wenn Sie verschiedene Dienstleistungen anbieten, so formulieren Sie entweder zwei Statements oder bringen Sie Ihr Angebots-Portfolio auf einen gemeinsamen Nenner, der sich auch von einem Außenstehenden sofort verstehen lässt.

- Ihr Mission Statement ist die Keimzelle des Marketings und sollte deshalb überall »sichtbar« sein: In Ihrer mündlichen und schriftlichen Kommunikation ebenso wie in Ihren Beiträgen.

- Verändern Sie Ihr Mission Statement, wenn sich für Sie andere, neue Perspektiven ergeben, an die Sie vielleicht vorher nicht gedacht haben und die Sie gerne wahrnehmen würden.

- Versuchen Sie möglichst, nicht vom Weg abzukommen. Verändern Sie Ihren Kurs wieder in Richtung auf Ihre persönliche Zielgrade, wenn Sie durch irgendetwas aus der Bahn geworfen worden sind.

- Ihr Mission Statement darf sich auch in Ihrer Geschäftsausstattung und Ihrem Außenauftritt niederschlagen. Ein schöner Ort für individuelle Unternehmensaussagen ist auch die Signatur einer E-Mail (siehe dazu Kapitel 13.4).

5 Gut analysiert: Wer ist Ihre Zielgruppe?

Als Autorin schreibe ich dieses Buch, um es zu verkaufen. Ich weiß aus der Erfahrung, dass der Verkauf einen Nebeneffekt hat: Jedes Buch sorgt auch für Beratungs- und Coachingkunden, bringt Vorträge und Seminare innerhalb der von mir anvisierten Zielgruppe, die ich als Journalistin besonders gut kenne. Womit wir bei der Zielgruppe sind.

Meine Zielgruppe sind Sie: Journalisten und Freiberufler. Ich gehe davon aus, dass Sie bereits als Freie tätig sind oder demnächst in die Selbstständigkeit starten. Zusammen sind sie fast 40.000 Wort-Künstler – so viele von Ihnen waren 2006 bei der Künstlersozialkasse (KSK) gemeldet.

Ein Großteil von Ihnen arbeitet für Printmedien und Agenturen, ein kleinerer Teil für Radio- und TV-Stationen. Einige befinden sich als feste Freie in einem angestelltenähnlichen Verhältnis. Die meisten von Ihnen sind »Einzelkämpfer«, nur wenige in Journalistenbüros organisiert. (Längere) Berufserfahrung ist fast immer vorhanden, ein Volontariat hat nur die Hälfte von Ihnen. Mehr als 50 Prozent hat auch ein Studium abgeschlossen, fast 80 Prozent haben das Abitur. Dies verrät eine mittlerweile schon angestaubte Umfrage des Deutschen Journalisten Verbandes (DJV) aus dem Jahr 1998.

Die KSK gibt bekannt, dass Sie durchschnittlich nur rund 14.000 Euro Jahreseinkommen haben, das entspricht dem steuerrechtlichen Gewinn und hat damit für ein normales Leben viel zu wenig. Außerdem sind Sie nicht alle bei der KSK gemeldet, denn vielleicht verdienen Sie Ihr Geld auch noch mit Training und Beratung oder in anderen Berufsfeldern.

Auch wenn einige von Ihnen über Jahre hinweg nicht das korrekte Einkommen melden, um geringere Sozialbeiträge zu zahlen: Insgesamt verdienen viele Freie deutlich weniger als ihre fest angestellten Kollegen und Kolleginnen – trotz erhöhter Kosten durch das eigene Büro, trotz höherer persönlicher Risiken und unsicherer Altersversorgung, denn die geringen Pflicht-Rentenbeiträge ergeben im Durchschnitt eine Rente, die unter dem derzeitigen Hartz-IV-Niveau liegt.

Erfolgreich sein, heißt also auch, eine überdurchschnittliche Honorierung zu erzielen. Meine Erfahrung sagt, dass Journalisten, die sich aktiv vermarkten ihr Einkommen deutlich steigern und mehr verdienen können als ihre passiven Kollegen. Etliche Beispiele, die ich persönlich kenne, beweisen das. Im Rahmen eines Lehrauftrags habe ich meine Studenten zudem einmal angeleitet, Interviews mit Journalisten durchzuführen und auch deren Einkommen mit der Tätigkeit und Herangehensweise in Bezug zu setzen. Auch hier zeigte sich, dass spezialisierte und selbstbewusste Freiberufler höhere Einkommen nannten.

Vor dem Schreiben habe ich versucht, mir ein möglichst genaues Bild von Ihnen zu machen. Ich habe Sie sozusagen ins Visier genommen. Genauso sollten Sie Ihre Zielgruppenanalyse starten: Alle verfügbaren Informationen einholen und Ihre Umgebung beobachten, die Zielgruppe dabei aber nicht spüren lassen, dass Sie sie im Blick haben – niemand befindet sich gerne im Labor unter der Lupe.

Die Zielgruppenanalyse ist Teil Ihres Marketings. Je besser Sie den potenziellen Käufer eines Produktes oder einer Dienstleistung kennen, desto konkreter lässt er sich ansprechen – sei es auf der Website, in der Werbung oder im Direktmarketing. Deshalb empfiehlt sich für Neu-Selbstständige eine Marktanalyse, zu der auch eine Befragung der Zielgruppe gehört. Fragen könnten sein: Welche Art von Texten wünschen Sie sich? Wie finden Sie Themen? Wie funktioniert die Zusammenarbeit zwischen der Redaktion/Agentur und dem Freelancer? (Dies ist je nach Branche und Medium sehr unterschiedlich!) Was ist Ihnen wichtig? Vielleicht bekommen Sie auf diese Art und Weise sogar schon einen ersten Fuß in die Tür und einen ersten kleinen Auftrag – in jedem Fall können Sie die Akquise danach sehr viel gezielter und mit mehr Wissen über interne Vorgänge angehen.

Denken Sie beispielsweise an den Online-Buchhändler Amazon. Kunden, die einmal im Shop gekauft haben, bekommen bei Ihren nächsten Besuchen konkrete Angebote, die mit den Präferenzen übereinstimmen, die sie im bisherigen Kaufverhalten an den Tag gelegt haben. One-to-One-Marketing nennen Fachleute diesen Verkauf über eine möglichst genaue Bedürfnisansprache. Je genauer Sie Ihr Gegenüber beobachten und je mehr Präferenzen Sie erkennen, desto leichter fällt Ihnen diese Form der Ansprache.

5.1 Bedarf erkennen: Zielgruppenansprache in der Praxis

Wahrscheinlich geht es Ihnen nicht nur darum, schnell einen einzelnen Artikel abzusetzen, sondern ist es auch ihr Ziel, eine langfristige Zusammenarbeit aufzubauen. Das sollte es jedenfalls: Stammkundengewinnung ist ein ganz wichtiges Thema. Allein aus Kostengründen: Einen Neukunden zu gewinnen kostet entweder viel Zeit oder viel Geld (und letztendlich ist beides das Gleiche). Mit Stammkunden zu arbeiten ist ökonomisch. Auch das Gewinnen fester Auftraggeber gelingt sehr viel besser, wenn Sie wissen, wen Sie vor sich haben. Erster Anknüpfungspunkt ist der Bedarf: Welche Themen sind in der Redaktion gefragt? An welcher Stelle fehlt Know-how? Wo ist schreiberisches Talent gewünscht?

Danach ist es wichtig, sich einerseits auf die Bedürfnisse einzustellen. Das sehr konkrete Bedürfnis eines Redakteurs könnte etwa die termingerechte Lieferung sein, um wenig Stress bei der Produktion zu haben. Es mag auch ein Bedürfnis bestehen, mit »Freien« zusammenzuarbeiten, die Texte liefern, die man nicht mehr nachbearbeiten muss. Die bereits nachgewiesenes Know-how in einem bestimmten Bereich haben oder gute Kontakte zu Informanten.

Halten Sie sich vor Augen, wer Ihre Ansprechpartner sind und machen Sie sich ein möglichst genaues Bild von ihnen. Sind es Redakteure, die für bestimmte Bereiche innerhalb eines Ressorts zuständig sind? Oder die Ressortleiter? Gar der Chefredakteur? Wie viel Entscheidungsspielraum besitzen diese Personen? Müssen Sie sich mit einer weiteren Person abstimmen, bevor Sie einen Themenvorschlag annehmen? Wie viel Hintergrundwissen können Sie bei Ihren Geschäftspartnern voraussetzen? Was ist die hauptsächliche Motivation, einem Externen einen Auftrag zu geben: Arbeitsentlastung, Expertenwissen, eine »spitze« Feder? Je mehr Sie über Ihr Gegenüber wissen, desto spezifischer und passender kann Ihr Angebot sein.

Ein Beispiel: Sie sind Spezialist für Telekommunikationsthemen und möchten sich mit Hilfe eines aktuellen Themenvorschlags Zugang zu einer bekannten deutschen Magazinredaktion schaffen. Der für technische Themen zuständige Redakteur ist schnell ausgemacht. Dessen Ressortleiter betreut das weit gespannte Themenfeld »Leben«. Sie entscheiden sich deshalb, den Redakteur direkt anzusprechen. Erstens setzen Sie bei diesem Ansprechpartner mehr spezialisiertes Know-how voraus – womöglich kann er deshalb auch die Brisanz, die Ihrem Thema inne liegt, sehr viel besser einschätzen. Zweitens möchten Sie denjenigen ansprechen, mit dem Sie später auch zusammen arbeiten werden und nicht direkt über den Chef einsteigen. Sie denken sich: »Wenn der Ressortleiter die Entscheidung trifft, wird mir das der Redakteur schon sagen.« Sie haben damit unter Umständen schon ein paar Eisen im Feuer und Ihren direkten Ansprechpartner auf Ihrer Seite. Jetzt nur noch die Idee skizzieren und dabei herausarbeiten, dass nur Sie dieses Thema realisieren können.

Genauso gut kann der Einstieg über den Ressortleiter Sinn machen, zum Beispiel, wenn der Redakteur jemand ist, der ungern selbst Entscheidungen trifft. Schließlich könnte auch der Fall eintreten, dass der Ressortleiter erkennt, was Sie leisten könnten, der Redakteur aber nicht. Vielleicht, weil er lieber alles alleine macht oder einen Freund hat, dem er den Auftrag zuschieben möchte.

Natürlich können Sie all das nur im Vorfeld in Erfahrung bringen, wenn Sie jemanden in der Redaktion kennen. Sonst ist es wichtig beim ersten Kontakt genau hinzuhören und Informations-Puzzlesteine zu sammeln, die Ihnen im weiteren Umgang mit diesem Auftraggeber hilfreich sind. Wenn ein Redakteur beispielsweise möchte, dass alle Themenvorschläge in CC, also in E-Mail-Kopie, an den Ressortleiter geschickt werden, deutet dies darauf hin, dass Ihr Ansprechpartner Entscheidungen nicht allein trifft (ob treffen möchte oder darf, wäre die zweite zu klärende Frage).

Je mehr Sie bereits im Vorfeld über die Personen, die personelle Struktur und deren Arbeitsweise herausfinden, desto gezielter können Sie auf diese eingehen. Die Themenkonferenz findet immer am ersten Donnerstag im Monat statt? Prima, dank dieser Information wissen Sie, dass Sie Ihre Ideen ein paar Tage vorher übermitteln sollten.

Referenzen nutzen

Bevor Sie in die Akquisition gehen, sollten Sie das Impressum checken, online und offline. Nicht unwahrscheinlich, dass da jemand in der Redaktion sitzt, den Sie kennen. Vielleicht Sabine, mit der Sie gemeinsam das Volontariat absolviert haben. Oder Peter, jetzt Bildredakteur und Ihnen bekannt als Freund eines Beachvolleyball-Kumpans.

Je nachdem, in welcher Position sich Ihr Kontakt befindet, können Sie versuchen, über diese Person eine Brücke zu Ihrem direkten Ansprechpartner zu bauen. Vielleicht mag Ihnen der Bekannte wertvolle Informationen über die aktuelle Planung geben. Oder kann von neuen Projekten und Relaunches berichten. Natürlich kann Ihnen die Kontaktperson auch als Referenz dienen: Dann nehmen Sie im Akquisegespräch auf diese Person Bezug. Versichern Sie sich zuvor jedoch, dass gute Beziehungen zwischen Ihrem Kontakt und dem Ansprechpartner bestehen.

Lassen Sie sich in jedem Fall die Telefonnummer des Ansprechpartners geben. Denn Referenz oder nicht: Erst in einem persönlichen Gespräch können Sie auch von sich überzeugen.

5.2   Die Bedürfnispyramide von Abraham Maslow

Die beste Akquisestrategie geht auf die individuellen Bedürfnisse Ihrer Zielgruppe ein. Dafür ist es wichtig, diese Bedürfnisse überhaupt erst zu erkennen und einzuordnen. Der amerikanische Psychologe Abraham Maslow hat menschliche Bedürfnisse in verschiedenen Stufen zusammengefasst, die wie eine Treppe aufeinander folgen. Den Sockel bilden die existenziellen Grundbedürfnisse: Essen, Trinken, ein warmer Schlafplatz, Sexualität. In der nächsten Stufe geht es um Sicherheit, Abgrenzung, Recht und Ordnung. Soziale Bedürfnisse folgen auf Stufe 3: Liebe und Geborgenheit, Freunde, Zugehörigkeit zu einer Gruppe. Wer Stufe 4 erreicht, strebt nach Anerkennung, Aufmerksamkeit und vielleicht sogar Ruhm. Stufe 5, die höchste Stufe, kennzeichnet das Bedürfnis nach Selbstverwirklichung. Alle Stufen folgen meist, aber nicht notwendigerweise aufeinander.

Erst wenn das Bedürfnis nach Sicherheit zufrieden gestellt ist, kümmert sich der Mensch um seine sozialen Bedürfnisse. Ein Hungernder dagegen blendet Sicherheitsrisiken bei der Nahrungsbeschaffung oft völlig aus. Generell gilt: Akute Bedürfnisse schalten die darüber liegenden Stufen weitgehend aus. Dieses Wissen lässt sich auf die Akquise übertragen: Wenn ein Redakteur, den Sie kontaktieren, gerade akute Sorge um den eigenen Job umtreibt, wird er vielleicht unfreundlich reagieren oder abweisend sein. Können Sie dies in einen Kontext setzen, beziehen Sie das Verhalten nicht – wie die meisten – auf sich selbst, sondern versuchen stattdessen auf den Gesprächspartner einzugehen. Indem Sie seine existenziellen Sorgen verstehen, gewinnen Sie einen Gesprächspartner, dem Sie sympathisch sind – und den Auftrag gewinnen Sie jetzt oder später fast nebenbei.

Das Wissen um Bedürfnisse ist für Ihre Zielgruppenansprache von großer Bedeutung – auch in der weiteren Zusammenarbeit. Es erklärt Schwankungen im Verhalten und dieses typische »Hü und Hott« der Medienbranche, das manchen Neu-Freiberuflern so unheimlich ist. Heute freundlich (»an Themen sind wir immer interessiert!«), morgen kurz angebunden bis unfreundlich (»wir brauchen niemand«): Damit müssen Sie rechnen. Und es tut gut zu wissen, dass es nichts mit Ihnen zu tun hat. Gehen Sie verständnisvoll mit Launen um und rufen Sie im Zweifel später noch mal an. Sieht sich Ihr Auftraggeber in seiner Existenz bedroht, kann dieser Auftraggeber sich Ihnen gegenüber plötzlich anders verhalten. Auch ein Chefredaktionswechsel löst oft für den Außenstehenden (und als Freier sind Sie außen vor) unverständliche Reaktionen aus, die meist mit einer unsicheren und veränderten Situation in Zusammenhang stehen.

Verdeutlichen Sie sich, dass es bei der Auftragsvergabe nicht um SIE, Ihre Kompetenz oder Ihre Ideen geht. Im Fokus stehen Ihre Auftraggeber und deren Bedürfnisse. Das ist Marketing: Die Orientierung am Kunden.

Wer es vermag, sich im Gespräch auf Kundenbedürfnisse einzustellen, hat weitaus bessere Chancen, sein Produkt – also die journalistische Arbeit – an Mann oder Frau zu bringen. Je nachdem, auf welcher Stufe Ihr Gegenüber steht, gibt es etwa unterschiedliche Informationsbedürfnisse. Zudem wirken andere Herangehensweisen und Äußerungen als Türöffner oder helfen eine langfristige Bindung herzustellen.

Die Anwendung dieses Wissens im Alltag können Sie üben. Beobachten Sie Ihre jeweiligen Gesprächspartner ganz genau und versuchen Sie einzuschätzen, auf welcher Stufe er steht.

Beispiel 1
Ressortleiter XY hat Angst um seinen Arbeitsplatz. Die Auflagen gehen zurück. Marktumfragen zufolge liegt dies vor allem an den wenig aktuellen Themen, die beim Leser nicht mehr ankommen. Eine Sättigung ist erreicht. Lässt sich der Negativtrend nicht stoppen, droht die Einstellung des Magazins. XY hat zwei Kinder und ein Reihenhaus, das er abbezahlen muss. Die Arbeitsmarktlage ist miserabel für Redakteure, und es besteht wenig Aussicht, schnell einen neuen Job zu finden. XY steht unter Druck, hat Angst um seine Existenz. XY ist aber nicht der Typ, der selbst Ideen entwickelt, sondern lässt sich gerne von außen beliefern. Er sucht einen freien Mitarbeiter, der ihn gut berät und ihm die Themenideen bringt, auf die er selbst nicht kommt. Vielleicht gibt er sie beim Chef als seine eigenen Ideen aus, doch für die Realisierung kommt er auf Sie zu. In einer solchen Situation können Sie als Ideenlieferant und Innovator punkten. Sie können es sich auch leisten, bisherige Konzepte (vorsichtig) zu kritisieren, Verbesserungsvorschläge zu machen.

Beispiel 2
AB ist froh, dass er einen Job hat, bei dem er keine Nachtschichten schieben muss. Privatleben ist ihm wichtiger als die Arbeit: Hauptsache, die Überweisung am Ende des Monats kommt pünktlich. Er möchte möglichst wenig Stress, möglichst gute Stimmung und wünscht sich deshalb eine möglichst stressfreie Zusammenarbeit mit einem Schreiber, der Beiträge druck- und sendereif sowie termingerecht liefert. Klar ist: Je mehr Sie diesen Be-

dürfnissen entgegen kommen, desto mehr wird AB Sie schätzen. Als zuverlässiger und treuer Lieferant sichern Sie sich hier den Job auf »Lebenszeit«.

Beispiel 3

MN ist das krasse Gegenteil von AB: Als Idealist steckt er seine ganze Energie in die Arbeit. Er ist vollkommen überzeugt von seinem Konzept, hat absolut klare Vorstellungen von Beiträgen. Themenideen hat er selbst genug. Klar freut er sich über die eine oder andere Anregung, aber garantiert wird er diese mit seinen eigenen Vorstellungen ausschmücken, Ihre Idee in die eine oder die andere Richtung lenken, aber nicht dorthin, ganz anders als Sie geplant hatten. In der Zusammenarbeit mit MN müssen Sie sich zurücknehmen können. Er schätzt eigene Vorstellungen, wünscht sicher keine Duckmäuser. Aber seine Anregungen sollten Sie unbedingt beherzigen, notwendige Abweichungen besprechen. Im Gegensatz zu AB – dem ein Telefonat im Monat reicht – erwartet MN regelmäßigen Rapport
Mit dem gleichen Verhalten kommen Sie bei XY, AB und MN ganz unterschiedlich an. Wenn Sie für mehrere Auftraggeber tätig sind, sollten Sie in der Lage sein Ihre eigenen Verhaltensmuster anzupassen, natürlich ohne sich dabei selbst zu verleugnen und zu »prostituieren«.

Die Maslowsche Bedürfnispyramide

Checkliste: Bedürfnisse Ihres Auftraggebers erkennen

Sie können auch versuchen, Bedürfnisse systematisch zu erfassen, indem Sie einen Fragenkatalog erstellen und durchgehen. Was bewegt Ihren Auftraggeber?

- Wünscht er sich in erster Linie eine möglichst billige Arbeitskraft, die pünktlich liefert? (Indiz für das Bedürfnis Sicherheit)
- Muss er in einem vorgegebenen Zeitraum bestimmte Ergebnisse (Kosten sparen, Auflage erhöhen) erzielen? Ist sein Arbeitsplatz in Gefahr, wenn er diese Ziele nicht erreicht? (Sicherheit)
- Interessiert ihn als Mitarbeiter jemand, der Befehle annimmt und ausführt, ohne diese zu hinterfragen? (Sicherheit)
- Oder möchte er mit jemandem zusammen arbeiten, der eigene Ideen hat und diese umsetzt? (Je nach Motivation Soziale Bedürfnisse, Ruhm und Anerkennung oder Selbstverwirklichung)
- Möchte er möglichst wenig Stress mit seinem eigenen Vorgesetzten haben? (Sicherheit)
- Alles, was ihn interessiert, ist es, möglichst wenig Arbeit mit den Beiträgen haben? (Sicherheit)
- Wünscht er sich jemanden, mit dem er sich gelegentlich austauschen kann? (Soziale Bedürfnisse)
- Wünscht er sich neue Freunde? (Soziale Bedürfnisse)
- Ablenkung vom langweiligen Redaktionsalltag? (Soziale Bedürfnisse)
- Will er den bestmöglichen Schreiber für sein Magazin finden? (je nach Motivation Ruhm und Anerkennung oder Selbstverwirklichung)
- Ist es sein Wunsch, die Publikation oder das Format neu zu positionieren, weil er eigene Ziele und Vorstellungen umsetzen möchte? (je nach Motivation Ruhm und Anerkennung oder Selbstverwirklichung)

Woran erkennen Sie, was Ihren Auftraggeber antreibt, ohne diesen zu kennen? Eine Möglichkeit ist die Recherche in den Medien: Was sagen Ex-Kollegen, was berichten »Kress« oder »Kontakter«, was ist in Diskussionsforen zu lesen?

Beobachten Sie zudem die Reaktion im ersten Telefonat. Welche Informationen erwartet Ihr Ansprechpartner als Bewerbungsunterlage? An wen sollen Sie eine eventuelle Bewerbung senden – Ihren Gesprächspartner oder den Chefredakteur? Ist es der Chefredakteur kann dies bedeuten, dass dieser sich Entscheidungen vorbehält und auch später immer das letzte Wort haben will.

Versuchen Sie möglichst viel im Small Talk herauszufinden. Wie beschreibt XY, AB oder MN den Ablauf in der Redaktion? Vieles erfahren Sie, wenn Sie vor dem ersten Auftrag möglichst viele »offene« Fragen stellen. Das sind Fragen, die den Gesprächspartner nicht nur zu einem Ja oder Nein, sondern zum Beschreiben aus der eigenen Perspektive heraus auffordern.

Ein Besuch in der Redaktion ist immer aufschlussreich, auch wenn Typen wie MN wahrscheinlich gar nicht so viel Aufwand um einen Auftrag machen würden und somit möglicherweise auch kein Interesse an einem persönlichen Treffen hätten. Erhalten Sie jedoch die Möglichkeit zum Gespräch unter vier und mehr Augen, so haben Sie die einmalige Chance und Gelegenheit, nicht nur Ihr Gegenüber, sondern auch die innerredaktionelle Konstellation zu studieren. Wem werden Sie vorgestellt und wie beschreibt Ihr Kontakt die anderen Redaktionsmitglieder? Wie verhalten sich die anderen zu ihm? Wie verhält er sich zu den anderen? Und, nicht vergessen: Wer bringt den Kaffee?

Checkliste: Zielgruppenanalyse

Machen Sie sich ein möglichst genaues Bild von denjenigen, die Sie ansprechen möchten. Widmen Sie sich zunächst den Fragen, die sich auf die Zielgruppe insgesamt beziehen. Wenn Sie Ihren direkten Ansprechpartner ermittelt haben, versuchen Sie auch ihn einmal nach den Bedürfniskriterien zu analysieren.

1. Welche soziodemographischen Merkmale besitzen Ihre Ansprechpartner? Wie alt sind sie? Handelt es sich um Männer oder Frauen? Familienväter oder Mutter? Was kennzeichnet ihren Lebensstil (zum Beispiel lange Arbeitszeiten, häufige Kneipenbesuche)?
2. Welche psychologischen Merkmale haben Ihre Ansprechpartner? Lässt sich Denken und Fühlen der Zielgruppe charakterisieren?
3. Welche soziologischen Merkmale sind charakteristisch? Herrschen bestimmte Normen?

4. Lassen sich typische Gewohnheiten feststellen? Checken Sie den äußeren Rahmen, um Ihre Aktivitäten darauf abzustimmen (z.B. Mittagspause erst um 14 Uhr, abends länger arbeiten). Typische Gewohnheiten können aber auch der regelmäßige Besuch des Presseballs oder der CeBIT sein.
5. Sind Ihre Ansprechpartner auch Entscheider? Sind die Bedürfnisse von direktem Ansprechpartner und Entscheider deckungsgleich oder bestehen Unterschiede? Welche?
6. Wie verhalten sich bei Ihren Ansprechpartnern Bedürfnis und Bedarf zueinander?
7. Welche speziellen Vorlieben haben Ihre direkten Ansprechpartner? Was tun sie gern? Was mögen sie: welche Sportart, welche Fernsehsender, Zeitungen und Zeitschriften, politischen Parteien.

5.3   Die Zielgruppe erreichen: Akquise konkret

Wie gehe ich am Telefon vor? Was sage ich? Reicht es nicht einfach nur, Texte zu schicken? Das sind ganz typische Fragen von Journalisten, wenn sie mit Ihrer Arbeit beginnen oder nach einer Stagnationsphase neue Auftraggeber gewinnen wollen. Da Auftragsakquise immer auch nach der Kommunikationsregel »erst die Beziehung, dann die Sache« mit dem Aufbau einer Beziehung einhergeht, empfiehlt sich meist für den Erstkontakt das Telefon. Hier haben Sie die Chance, Ihre Fragen zu stellen, können individuell reagieren, Ihr Angebot je nach Reaktion des Gegenübers variieren. Sie können fragen, wie die übliche Vorgehensweise bei der Texterstellung ist. Und nebenbei auch noch ein nettes Gespräch führen, um mit dem anderen warm zu werden. Dies alles können Sie nicht, wenn Sie einfach eine E-Mail schreiben oder den Text gar per Post verschicken – da müssen Sie ins Blaue schießen und können somit auch leichter daneben liegen. Weiteres Problem bei der E-Mail: Sie wissen nicht genau, ob Sie je gelesen wird, und Empfangsbestätigungen sind einfach nur peinlich. Die empfehlenswerte Regel lautet deshalb: Call – Mail – Call oder deutsch: Anrufen – Unterlagen (etwa Themenideen, Exposés oder das eigene Profil) schicken – Nachfassen.

Gerade in den Medien gibt es zwar einige Menschen, die das Telefonieren hassen und ungern angesprochen werden. Trotzdem sollten Sie rein aus egoistischen Gründen den Erstkontakt per Telefon vorziehen. Nur so können Sie auch die direkte Durchwahl, die persönliche E-Mail-Adresse und die

Vorgehensweise besprechen. Später machen Sie diese Klientel vielleicht durch E-Mails glücklicher, zumal sie häufig auch gar nicht an den Apparat gehen. Hören Sie auf Ihren Bauch, aber bitte nicht auf Ihre innere Stimme, die Angst vorm Telefonieren hat und jedes Zeichen des Gegenübers als Selbstrechtfertigung wertet, das Anrufen zu vermeiden.

Telefonieren Sie in Zeiten, die Ihnen selbst und dem anderen angenehm sind. Bei sich selbst ist das klar. Lassen Sie sich allerdings nicht von dauerhaften Tiefs abhalten – wer nie in Telefonstimmung ist, muss etwas an seiner Einstellung ändern und seinen Glaubenssatz in Sachen Akquise überprüfen. Was hält wirklich vom Anrufen ab? Ist es die Angst vor Ablehnung oder vielleicht sogar eine grundsätzlich negative Einstellung zu sich selbst und der eigenen Dienstleistung? Nehmen Sie solche Blockaden, etwa durch ein Coaching, in Angriff.

Doch wann ist es den anderen angenehm? Montags ist meist Konferenz, das ist ungünstig. Vielleicht am Freitagnachmittag? Oft ist da die Wochenendausgabe geschafft und etwas Luft zum Reden da. Bei Monatsmagazinen gibt es einen anderen Rhythmus, hier ist öfter Entspannung angesagt. Fragen Sie aber vor dem Gespräch immer, ob der andere jetzt gerade Zeit hat oder ob es besser ist, zu einem anderen Termin noch mal anzurufen. Lassen Sie sich nicht auf einen Rückruf vertrösten. Dieser erfolgt erfahrungsgemäß in über 90 Prozent der Fälle nie. Dies deckt sich übrigens in etwa mit der Quote nicht beantworteter E-Mails, wenn der Absender unbekannt ist.

Was sagen? Auch diese Frage schreckt viele Journalisten. Dabei ist es einfach ganz einfach. Was Sie sagen, hängt von Ihrem Gesprächsziel und dem Gesprächsverlauf ab. Dieses Gesprächsziel sollten Sie sich vorher bewusst setzen. Es kann lauten: Ich möchte mein Thema anbieten. Oder: Ich möchte einen Kontakt aufbauen, dem ich später Texte zuschicken kann, die ihn interessieren. Fragen Sie sich, welche strategische Vorgehensweise Ihrem Ziel dient. Wenn Sie ein Thema anbieten, ist es sinnvoll, dieses zuvor skizziert zu haben, damit Sie ein kurzes Exposé anbieten können. Sie sollten wissen, in welchen Bereich dieses passt und natürlich bestens informiert sein, ob so etwas Ähnliches bereits gelaufen ist oder nicht. Um sich vor Ideenklau zu schützen, empfiehlt es sich, Informationen etwa über Kontaktpersonen noch nicht zu nennen. Überhaupt sollten Sie versuchen, nur Themen anzugehen, die Redaktionen intern oder mit anderen Freelancern nicht ohne viel Aufwand realisieren können. Themenklau ist leider verbreitet. Und der beste Schutz ist auch hier wieder die Spezialisierung, die automatisch auch zu besseren Kontakten führt.

Zu einem guten Gespräch gehört auch die persönliche Vorstellung. Es ist ein Unterschied, ob Sie sich als »Redaktionsbüro Ballgeflüster«, als freier

Journalist, Sportjournalist oder Experte für Fußball vorstellen. Mit dem Redaktionsbüro zeigen Sie Größe, mit dem Expertentum Wissen. Nur ein »freier Journalist« ist dagegen auch erst einmal einer von vielen und austauschbar.

Ganz wichtig: Fragen! Fragen Sie den anderen, denn er wird aufblühen, wenn er reden kann. Nebenbei erfahren Sie für die spätere Zusammenarbeit oder auch die nächsten Akquiseschritte wichtige Informationen. Wagen Sie auch Small Talk, wenn die Situation entspannt ist. Vergessen Sie bei all dem aber nie Ihr Ziel. Beenden Sie deshalb kein Gespräch ohne eine Zielvereinbarung. Was haben Sie besprochen? Was sind die nächsten Schritte? Werden Sie sich treffen? Fein – wann genau? Werden Sie noch einmal telefonieren? Legen Sie sich auf einen Zeitraum fest, in dem Sie noch einmal anrufen (»ich rufe dann einfach in vier Wochen noch einmal an. Ist es Ihnen lieber am Freitagnachmittag oder Dienstagmorgen?«)

Fassen Sie wesentliche Gesprächsergebnisse – vor allem Aufträge – noch einmal schriftlich zusammen, wenn es Ihr Gesprächspartner nicht tut. Sie haben so die Gewissheit, dass Sie alles richtig verstanden haben (natürlich inklusive der Bedingungen für die Honorierung und ein eventuelles Ausfallhonorar, was Sie bitte immer besprechen anstatt einfach auf sich zukommen zu lassen).

Checkliste: Telefonakquisition

1. Ermitteln Sie den relevanten Gesprächspartner über das Impressum.
2. Setzen Sie für sich selbst ein schriftliches Gesprächsziel fest. Beispiel: »Kennenlern-Termin« vereinbaren oder »Exposé schicken«.
3. Bereiten Sie das Gespräch vor, etwa indem Sie ein Exposé für Ihren Themenvorschlag schreiben oder sich anhand vergangener Ausgaben der Zeitung oder Zeitschrift überlegen, wie Sie Ihre Themen auf den Stil und die Zielgruppe zuschneiden können.
4. Überlegen Sie, wie Sie sich am besten vorstellen, welche Aussagen Sie zu sich selbst treffen.
5. Erstellen Sie eine Liste mit Punkten, die Sie unbedingt ansprechen müssen.
6. Im Gespräch: Fragen Sie immer erst, ob der Gesprächspartner jetzt Zeit hat.
7. Im Gespräch: Fragen Sie, bringen Sie Ihr Gegenüber zum Reden.
8. Im Gespräch: Bringen Sie Ihr Anliegen konkret auf den Punkt.

9. Im Gespräch: Machen Sie Ihrerseits Vorschläge für die Vorgehensweise.

10. Im Gespräch: Treffen Sie am Ende eine Vereinbarung, fassen Sie zusammen. Geben Sie einen konkreten Ausblick auf das, was weiter passiert.

11. Im Gespräch: Notieren Sie sich E-Mail und gegebenenfalls Namen, lassen Sie ungewöhnliche Namen buchstabieren. Denken Sie bei Aufträgen daran, über das Honorar und auch über ein Ausfallhonorar zu sprechen.

12. Nach dem Gespräch: Bei Terminvereinbarungen oder Aufträgen schicken Sie eine zusammenfassende E-Mail mit den Eckdaten, sofern dies der Auftraggeber nicht seinerseits tut. Auch Honorarabsprachen gehören hier hinein.

6 Selbstmarketing: Das eigene Profil schärfen

Wahrscheinlich erarbeiten Sie sich während eines Volontariats oder redaktioneller Anstellung ein bestimmtes Themen- oder Interessengebiet. Irgendein Ressort, das auf Sie eine besondere Anziehungskraft ausübt, ein Themengebiet, welches Sie faszinierend finden, ein Fach, in dem Sie sich auskennen. Wahrscheinlich wissen Sie dann auch sofort, wohin die (fachliche) Reise geht, wenn die Freiberuflichkeit ruft oder nach einer Kündigung plötzlich auf dem Plan steht.

In Ihrem Ressort haben Sie während der redaktionellen Arbeit Kontakte aufgebaut und Kenntnisse angesammelt, auf denen Sie eine freie Tätigkeit gründen können.

Vielleicht haben Sie aber auch nie in einer Redaktion gearbeitet und versuchen einen Kaltstart aus einer anderen Tätigkeit heraus. Wahrscheinlich nutzen Sie dann Ihre Fachkenntnisse aus der vorherigen Tätigkeit. Durchaus denkbar ist aber auch, dass Sie sich aus persönlichem Interesse heraus thematisch neu orientieren.

In all diesen Fällen sollten Sie sich auf einige wenige Themen beschränken. Setzen Sie nicht nur durch einen eigenen Stil Akzente, sondern durch thematische Schwerpunkte.

Machen Sie nicht den Fehler, für alle Bereiche Experte sein zu wollen. Gleich mehrere Gründe sprechen dagegen. Zum einen wirkt es unglaubwürdig, wenn Sie zu jedem Themenvorschlag »ja, kann ich machen« sagen. Zum anderen legen Sie sich durch eine zu große Vielfalt selbst Steine in den Weg: Es ist möglich, einen Überblick, aber schier unmöglich, mehr als einen Einblick in verschiedene Gebiete zu haben. Sie können Geschichten nicht so gut machen, wenn Sie für die Recherche bei (fast) null anfangen müssen. Sie haben es dann beispielsweise schwerer, geeignete Ansprechpartner zu finden. Das Sammeln von Hintergrundinformation kostet Zeit. Sie stecken zudem nicht so tief im Thema, sind weniger sicher in Ihrer Argumentation.

Die wenigsten Zeitschriften und erst recht keine Zeitung zahlen so gut, dass Sie sich den Luxus leisten können, Allrounder zu sein. Frühzeitige Spezialisierung ist deshalb eine wichtige Voraussetzung für einen Erfolg auf ganzer Linie.

Checkliste: Was kann ich gut?

Oft wissen Journalisten nicht, wohin ihre berufliche Reise gehen soll. Folgende Checkliste soll Ihnen helfen, eigene Schwerpunkte ausfindig zu machen – indem Sie darüber nachdenken und diese auf Papier fixieren.

Nennen Sie fünf Stärken Ihrer journalistischen Arbeit!

1...
2...
3...
4...
5...

Sind das die Stärken, die auch andere in Ihnen erkennen? Bitten Sie einen Freund, Ihre fünf Stärken aus seiner Sicht niederzuschreiben.

1...
2...
3...
4...
5...

In welchen Themengebieten kennen Sie sich gut aus?

1...
2...

In welche Themengebiete können Sie sich leicht einarbeiten?

1...
2...

Welche journalistische Darstellungsform beherrschen Sie perfekt (besser als der Durchschnitt)?

1...
2...

Auf welche Darstellungsform/welches Thema könnten Sie sich aufgrund Ihrer persönlichen Situation gut fokussieren? (z.B. auf Kolumnen als Mutter/Vater)

1...
2...

Was macht Ihnen Spaß?

1...
2...

6.1   Kennen Sie Ihren Wettbewerb?

Bevor Sie eine eigene Strategie entwickeln, sollten Sie einmal um sich schauen. Was macht eigentlich die »Konkurrenz«? Für wen schreibt sie, wie stellt sie sich dar, wo setzt sie Schwerpunkte? Eine Wettbewerbsanalyse gehört zu jedem Marketingplan. Allein das Sammeln von Informationen dürfte Sie auf viele weitere Ideen bringen. Ideen, was Sie anders und besser machen könnten.

Beobachten Sie zum Beispiel die Journalisten, die für jene Blätter schreiben, für die Sie auch tätig werden wollen oder bereits tätig sind. Achten Sie dabei vor allem auf jene Kollegen, die im gleichen Fachgebiet wie Sie zuhause sind oder ähnliche Tätigkeits-Schwerpunkte und Akzente bei der Themenwahl und -realisierung setzen wie Sie. Das beste Hilfsmittel zur Recherche? Das Internet! In Suchmaschinen können Sie beispielsweise nach den Journalisten suchen, die Sie interessieren. Setzen Sie den Vor- und Zunamen als Phrase in Anführungszeichen (»Svenja Hofert«) – auf diese Weise finden Sie nur Personen gleichen Namens. Für wen schreibt Ihr Wettbewerber? Wodurch zeichnen sich seine Texte aus? Was verrät die Website? Was sagen seine Beiträge in den Newsgruppen oder seine Mitgliedschaft in Vereinen über seine Tätigkeit und seine Marketingaktivitäten aus?

Erstellen Sie eine Übersicht, die zum Beispiel folgendermaßen gegliedert sein könnte:

- Name
- Wohnort
- Webadresse
- Organisationsform (z.B. Redaktionsbüro)
- Auftraggeber
- Wie lange im Geschäft?
- Charakteristika der Beiträge
- Verkaufsargumente?
- Was gefällt mir?
- Was würde ich besser machen?

6.2   Lassen Sie sich finden

Auftraggeber suchen nicht lange. Sie sprechen denjenigen an, der am bekanntesten oder am leichtesten zu finden ist. Oder umgekehrt. Viele machen sich keine besondere Mühe. Und oft ist es für die Auftraggeber auch gar nicht so leicht zu unterscheiden: Ist dieser Journalist nun wirklich in seinem Fachgebiet bekannt oder präsentiert er sich einfach nur gut an der richtigen Stelle?

Es ist also letztendlich gleich, ob Sie schon einen Namen haben oder sich diesen erst machen wollen: Sie sollten sich darstellen, und zwar überall dort, wo »man« auf Sie stoßen könnte oder sollte.

Als erstes sind da Adressverzeichnisse zu nennen. Ein Reisejournalist gehört einfach in das »Taschenbuch der Touristikpresse«. Als Autor eines Sachbuchs sollten Sie den jährlich fälligen Eintrag in Kürschners Taschenbuchkalender nicht verpassen. Zudem gehören Sie zu den »Köpfen der Kommunikation«, die auf verschiedenen Websites im Internet Ihre virtuelle Visitenkarte hinterlassen können, zum Beispiel bei *Kress Online* und bei *Horizont*.

Ganz wichtig ist auch Ihr eigener Internetauftritt – oder besser: dessen Bekanntmachung durch Eintragung in die diversen Verzeichnisse für Medienschaffende und Journalisten. Ihre Internetseite gehört zu Ihrer Grundausstattung, ebenso wie Visitenkarte und Briefpapier.

Karte und Webadresse sollten Sie so breit streuen, wie irgend möglich. Besuchen Sie Messen und Kongresse und öffentliche Veranstaltungen, auf denen Sie potenzielle Auftraggeber treffen könnten. Lassen Sie sich von Presseagenturen einladen: Medien- und PR-Events sind eine gute Gelegenheit, um andere Journalisten kennen zu lernen oder Kontakte zu Redakteuren zu knüpfen.

6.3 So etablieren Sie sich als Experte oder Spezialist

Es gibt Menschen, die sind in einem Thema zuhause, kennen sich einfach wahnsinnig gut aus. Die Artikel dieser geschätzten Kollegen strotzen vor lauter Know-how. Sie finden sich aber eher in Fachmagazinen, weil sie für den normalen Leser nur schwer verständlich oder zu speziell sind. Andere kennen sich auch gut aus, aber verstehen es zudem, alltagsrelevante Aspekte für den Durchschnittskonsumenten aus einem Themenkomplex herauszulösen und publikumsgerecht aufzubereiten. Andere haben die Fähigkeit, schwierige Themen, in die sie sich nur für den einen Auftrag einarbeiten, ganz leicht verständlich darzustellen. Das gelingt ihnen vor allem deshalb so gut, weil sie im klassischen Sinne keine Experten sind. Nur Experten fürs Schreiben. Und die machen ihre Arbeit oft besser als Leute vom Fach. Das hat sicher auch damit zu tun, dass sich ein Journalist einem für ihn neuen Thema ähnlich nähert wie der Leser – unvorbelastet. Da wird mehr hinterfragt und weniger vorausgesetzt.

Gleich, wo Ihre Stärken liegen: Sie sollten diese betonen und weiter ausbauen. Nur so können Sie für Ihre Fachkenntnisse oder für Ihren eigenen Stil oder für beides bekannt werden.

Ideal, wenn sich Ihre Popularität von selbst ergibt, weil Sie so toll schreiben. Doch die wenigsten Journalisten werden über Nacht von Berühmtheit überrannt. Meist ist es ein harter, langer Weg, bis der eigene Name ein »Name« mit Klang in der Branche ist.

Dabei gibt es Mittel und Wege, den Prozess des Bekanntwerdens zu beschleunigen. Sind Sie fachlich in einem bestimmten Thema fit, so liegt es nahe, dieses mit ihrem Wissensvorsprung zu »besetzen«. Sie müssen nicht einmal der oder die erste sein. Mit geschicktem Marketing können Sie andere Experten durchaus von Ihrem Thron stoßen – oder auch friedlich neben Ihnen existieren, indem Sie beispielsweise für andere Medien schreiben oder eine andere Art der Herangehensweise an den Tag legen.

Zunächst sind natürlich die Beiträge zentral, die Sie verfassen. Spiegeln diese Ihr Expertentum wider, zeichnen diese Sie aus als jemand, der etwas Besonderes weiß oder kann? Prima, damit wären Sie selbst »zitierfähig«. Das heißt, andere können auf Sie als Experte zurückgreifen. Jetzt gilt es den nächsten Schritt zu tun: Gehen Sie an die Öffentlichkeit. Vermitteln Sie Ihr Wissen auf Seminaren und in Vorträgen als Referent, moderieren Sie auf Kongressen und Messen oder stehen Sie in Chats Rede und Antwort. Diskutieren Sie in Newsgruppen im Internet oder starten Sie einen Newsletter mit regelmäßigen Informationen zu Ihrem Schwerpunktthema (mehr dazu in Kapitel 16.2).

Dieses Engagement bringt Ihnen erst einmal kein Geld ein, doch es wird sich langfristig auszahlen. Lassen Sie sich zitieren: Viele Journalisten sind froh, wenn Sie jemanden haben, auf den Sie für Zitate zurückgreifen können. Sie müssen nicht warten, bis man auf Sie zukommt (denn das kann lange dauern). Stoßen Sie selbstbewusst vor und bieten Sie Ihr Wissen an, etwa in einer Rubrik auf Ihrer Internetseite.

Experten sind Kenner einer bestimmten Branche oder eines Themas wie etwa der Logistik. Aus einem Experten kann nach einiger Zeit ein Spezialist werden. Das bedeutet, Sie haben sich ein ganz spezielles Thema erarbeitet und dort tiefe Kenntnisse erworben. Ein Spezialist kann oft höhere Honorare fordern und für verschiedene Medien schreiben. Beispiel: Ein Experte für Karrierethemen und ein Spezialist für das Thema MBA-Programme. Spezialisten müssen sich ihren Ruf langsam erarbeiten, aber das könnte sich lohnen! Es soll einige extrem Spezialisten geben, die nur drei Mal im Jahr Artikel schreiben und davon gut leben können.

6.4   Bekannt als Buchautor

Bücher schreiben ist eine Investition in die Zukunft. Die viele Arbeit, die Sie in ein Buchprojekt stecken, zahlt sich oft erst lange Zeit, ja manchmal erste Jahre später aus: in Form von Renommee (wenn das Buch gut ist). Reich werden Sie als Buchautor aber wahrscheinlich nicht: Viele Buchprojekte bringen kaum mehr Geld ein als ein paar tausend Euro – und einige noch viel weniger. Echte Bestseller landen nur wenige. Und wenn, dann vor allem im Sachbuchbereich, nicht bei den Fachbüchern und selten bei den Ratgebern (wie diesem Buch). Selbst, wenn sich ein Buch gut verkauft – beispielsweise 10.000 Mal – macht Sie das mitnichten zum Millionär, sondern deckt allenfalls Kosten für eine oft aufwendige Recherche und viel im Voraus investierte, unbezahlte Zeit.

Trotzdem lohnt es sich, ein Buch zu schreiben, auch E-Books sind im Kommen und Autoren wie Marcus Albers zeigen, dass man damit durchaus erfolgreich sein kann. Ein Fach- oder Sachbuch weist Sie als Kenner aus und hilft, Sie auf Ihrem Gebiet bekannt zu machen. Es sorgt für Popularität, wo vielleicht noch keine ist und steigert diese, wenn Sie bereits erste Lorbeeren erzielen konnten. Mit einem literarischen Werk, auf der anderen Seite, stellen Sie die Weichen für höhere Weihen, weisen sich aus als Kandidat für die besser bezahlten Kolumnen oder Glossen. Aber auch Literatur macht Sie oft eher berühmt als reich.

Jeder Buchidee folgt erst einmal eine Marktanalyse. Wer wird mein Buch lesen? Was ist meine Zielgruppe? Gibt es bereits andere Werke, die sich mit meinem Thema beschäftigen? Wenn ja, wo möchte ich andere Akzente setzen als die Wettbewerber?

Ein und dasselbe Thema kann auf ganz unterschiedliche Art und Weise aufbereitet und sich an eine andere Leserschaft wenden. Aus der Leserschaft ergibt sich auch oft schon, welche Art von Verlagen in Frage kommt. Sind es Fach- oder eher Sachbuchverlage, große allgemeine oder spezialisierte Verlage?

Große Publikumsverlage publizieren nicht unter einer Auflage von 4000 Stück. Das bedeutet, dass Ihr Buch auch (mindestens) für so viele Leser interessant sein muss. Um ein Buch in großen Stückzahlen abzusetzen, wird es dann oft zu einem günstigen Preis als Taschenbuch oder so genanntes Flexcover vertrieben. Einige Spezialthemen fallen hier jedoch aus dem Raster, weil Sie sich an eine allzu kleine Zielgruppe wenden (beispielsweise nur Journalisten, Ärzte o.Ä.). Ähnliches gilt für Lehrbücher.

Solche »Exoten« -Themen werden dann oft von Fachverlagen angegangen. Hier können Auflagen auch schon mal kleiner sein, dafür liegt der Preis der Bücher oft deutlich höher. Zudem erhalten die Autoren mehr Prozente.

Dabei gibt es zwei Erlösmodelle: Zwischen fünf (Taschenbuch unterste Grenze) und acht Prozent erhalten Autoren, wenn der Verlag nach Nettoverkaufspreis abrechnet – das ist der Verkaufspreis im Buchhandel abzüglich der Mehrwertsteuer. Zehn bis fünfzehn Prozent vom Nettoverkaufspreis – also vom Erlös – erhält der Autor, wenn der Verlag nach Nettoerlös abrechnet. Dabei handelt es sich um den Preis abzüglich der Buchhandelsrabatte, die um dreißig Prozent liegen. Dies ist derzeit das dominierende Modell. Manche Verlage zahlen auch einen Festpreis. Das ist natürlich dann von Nachteil, wenn sich das Buch sehr gut über viele Jahre hinweg verkauft.

Je spezieller und wissenschaftlicher sein Buch, desto mehr wird dieses Know-how meist vergütet. Manche Verlage zahlen zudem einen Vorschuss. Dieser lässt sich bisweilen auch individuell aushandeln. Darüber hinaus gibt es oft Staffelprozente: Je mehr Sie verkaufen, desto besser werden Sie bezahlt.

Findet sich kein Verlag für ein Buchprojekt, so besteht die Möglichkeit, es als Book on Demand (BOD) zu vertreiben oder auch als selbstproduziertes E-Book, das sie für wenige Euro bei allen Online-Buchhandlungen einstellen können. BODs werden in Kleinstauflagen per Digitaldruck produziert, sozusagen auf individuelle Vorbestellung. Für die Produktion müssen Sie als Autor selbst bezahlen, allerdings geht der Erlös des Buchverkaufs auch komplett an Sie über. Manche per Book on Demand veröffentlichte Bücher haben Ihre von renommierten Verlagen herausgebrachten Kollegen in Sachen verkaufte Exemplare schon schnell überrundet. Andere BODs wurden aber bestenfalls dutzendweise verkauft. Die Tatsache, dass jeder veröffentlichen kann, hat das Image in den letzten Jahren allerdings eher nach unten gezogen.

Weiterer Nachteil dieser Lösung ist allerdings: Sie als Herausgeber müssen sich selbst um die PR kümmern. In Verlagen gibt es dazu meist eine eigene Abteilung, die die Versorgung der Presse übernimmt, Interviews koordiniert etc. Überhaupt: Wie aktiv ist der Verlag in Sachen PR? Prüfen Sie dies, bevor Sie einen Vertrag unterzeichnen, denn eine gute Pressearbeit ist maßgeblich für den Erfolg Ihres Buches. Was nutzt Ihnen das beste Buch, wenn niemand es kennt?

Checkliste: Wie Sie Ihre Buchidee zu Papier bringen

Ob Sie einen Verlag finden, hängt entscheidend mit Ihrer Präsentation und ihren bisherigen Erfahrungen zusammen. So wird ein ehemaliger Spiegel-Redakteur vergleichsweise weniger Aufwand mit der Verlagssuche haben und bessere Angebote bekommen als ein No-Name. Liefern Sie dem Verlag kein fertiges Manuskript, sondern erst einmal ein Exposé und ein Konzept. Dieses sollte die wesentlichen Eckdaten des Projekts prägnant herüberbringen. Ganz wichtig bei Sachbüchern ist eine steile These, die dieses Buch von anderen unterscheidet. Dazu empfiehlt es sich bereits ein Inhaltsverzeichnis zu liefern, das die Gliederung zeigt. Als Newcomer kann es sinnvoll sein, auch ein Probekapitel zu erstellen. Hier eine kleine Orientierungshilfe, wie ein Deckblatt aussehen könnte.

Titelvorschlag: ....
....

Kurzbeschreibung: ....
....
....
....

Hintergrund: ....
....
....
....

Zielgruppe: ....

Wettbewerb: Deutsche Publikationen zum Thema
(plus Stärken/Schwächen)...
....
....
....

Ausländische Publikationen (plus Stärken/Schwächen).......................
....
....
....

6.5 Bekannt durch Beiträge in Fachpublikationen und Blogs

Wenn Sie ganz am Anfang stehen, haben Sie oft noch wenig in der Hand. Ihre potenziellen Auftraggeber wollen aber Arbeitsproben sehen. Eine Möglichkeit sind Veröffentlichungen in kleineren Fachpublikationen, in Verbandsmagazinen, Mitarbeiterzeitungen oder auf Internetportalen. Mit einem guten Blog im Internet können Sie oft ein treues Publikum gewinnen und sich bei entsprechender Durchhaltekraft und Nachhaltigkeit einen Namen machen. Dazu sollten Sie allerdings zwei- bis dreimal in der Woche einen guten Eintrag verfassen und den Blog durch begleitende Aktivitäten im Social Web, also z.B. bei Twitter, Xing, Linkedin.com und Facebook sowie Google+ bekannt machen.

Auch ein Auftrag von regionalen Wochenblättern oder Institutionen vor Ort lässt sich leichter erhalten als ein Engagement beim Spiegel. Dafür können Sie für Ihr Engagement meist nur ein geringes – und manchmal sogar gar kein – Honorar erwarten. Betrachten Sie Ihre Tätigkeiten als Öffentlichkeitsarbeit, die dazu dient, Sie bekannt zu machen. Sie müssen erst einmal an einem Ufer stehen, um zu neuen Ufern aufzubrechen.

Eine gute Lösung, um Kontakte zu knüpfen und Fähigkeiten unter Beweis zu stellen, für die es noch keine Belege gibt, bietet auch ein Praktikum oder eine Hospitanz. Mitunter ist dieses sogar Voraussetzung, um überhaupt freie Aufträge zu bekommen.

Alternativ kann auch ein eigenes Projekt im Internet den Grundstein zu Ihrer Karriere legen. Wenn Sie es schaffen, mit einer eigenen Idee Trends zu setzen, ist dies die beste Voraussetzung, um auch in anderen Medien Fuß zu fassen. Mehr dazu lesen Sie in Kapitel 11.

6.6 Im Internet können Sie Ihr Wissen unter Beweis stellen

Über einen eigenen Blog habe ich schon gesprochen, er ist oft eine gute Alternative zur eigenen Website und vor allem für jene Journalisten geeignet, die sich mit Experten- oder Spezialwissen positionieren wollen. Auch auf anderen Plattformen können Sie Ihr Schreibtalent und/oder Ihr Wissen beweisen:

- Selbst am genialsten Lexikon der Welt mitwirken: *www.wikipedia.de*
- Richtig gute Kritiken schreiben: *www.amazon.de*
- Eigene Filmkritiken veröffentlichen: *www.filmbericht.de*
- Produkt- und Website-Kritiken können Sie hier hinterlassen: *www.dooyoo.de, www.ciao.com*

6.7 Adress-Verzeichnisse für Journalisten im Internet

- Präsentationsmöglichkeit für Kreative verschiedener Disziplinen: *www.dasauge.de*
- Das Portal für die Film- und Fernsehbranche. Hier können sich u.a. Drehbuchautoren eintragen: *www.crew-united.de*.

- Die Website des Deutschen Journalisten Verbandes bietet eine Datenbank für Freie und Bildjournalisten: *www.djv.de/freie*
- Portal für IT-Journalisten. Ein Extra-Adressverzeichnis gibt es zwar nicht, doch wer sich anmeldet, kann auch einen Link auf seine Website legen: *www.editorix.org*
- Von einem Marburger Journalistenbüro betriebene Seite: *www.freieninfos.de*
- Mitglieder des DPV (Deutscher Presse-Verband) können sich hier kostenlos eintragen: *www.journalisten-im-netz.de*
- Informatives Portal, u.a. mit Foren und Jobbörse: *www.journalismus.com*
- Eine Seite für Medienschaffende, auf der ein Grundeintrag derzeit noch kostenfrei ist: *www.medienhandbuch.de*
- Expertenportal für alle, die schon Fachpublikationen haben: *www.brainguide.de*
- Verzeichnis von Texterinnen und Textern, auch journalistischen: *www.texter.de*
- Künstler und auch Texter: *www.guxme.de*
- Noch ein Verzeichnis: *www.textmarkt.de*
- Nicht nur Lektoren, aber auch: *www.lektorat.de*
- Verschiedene Freiberufler: *www.freelancer-suche.com*
- Projektbörse, auch für Kreative: *www.projektwerk.de*

6.8 Adress-Verzeichnisse für Journalisten (Print)

- Der Kroll-Verlag (*www.kroll-verlag.de*) gibt Adress-Bücher für unterschiedliche Branchen heraus, etwa für Touristik und Architektur.
- Kürschners Deutscher Literaturkalender verzeichnet Literaten und Ihre Werke.
- Kürschners Deutscher Sachbuchkalender verzeichnet Sachbuchautoren und Ihre Werke. Mehr Info unter *www.saur.de*.
- Der Verlag Dieter Zimpel gibt auch ein Buch mit Adressen von freien Journalisten heraus. Mehr Info unter *www.zimpel.de*.

Checkliste: So machen Sie sich bekannt

1. Hinterlassen Sie überall Ihren Namen – auf Messen, Kongressen, Partys, Pressekonferenzen.

2. Nutzen Sie die sozialen Medien – Sichtbarkeit ist alles. Ein Account bei Twitter und Google+ gehört heute dazu.

3. Tragen Sie sich in alle relevanten Verzeichnisse im Internet und in Printmedien ein. Erstellen Sie eine Übersicht: Welche Adressverzeichnisse bieten sich für Sie an? Notieren Sie gegebenenfalls die Termine, zu denen Sie Ihre (aktualisierten) Daten eingetragen haben müssen.

4. Sorgen Sie für ein einheitliches Profil: Bereiten Sie Eckdaten für Eintragungen vor, die Sie bei Bedarf einfach in Formulare übertragen können, z.B. einen Lebenslauf oder ein Kurzprofil.

5. Überlegen Sie sich eine Aussage, mit der Sie Ihre Leistung werbewirksam auf den Punkt bringen. Um einen einheitlichen Auftritt in der Öffentlichkeit zu gewährleisten, sollten Sie stets die gleiche Formulierung wählen – es sei denn Sie richten sich mit ihrem Leistungsspektrum an verschiedene Zielgruppen (z.B. Redaktionen und PR-Agenturen).

6. Sagen Sie »ja« zu kostenloser PR. Prima, wenn jemand Sie zitieren möchte! Toll, wenn Sie als Referent in Frage kommen! Wenn niemand von sich aus auf Sie zukommt: Bieten Sie sich an, z.B. indem Sie sich optimal im Internet präsentieren.

7. Verkaufen Sie Ihre bisherige Arbeit optimal: Stellen Sie werbewirksame Portfolios Ihrer Arbeiten zusammen, nicht einfach Kopien. Eine Möglichkeit ist es, eine Auswahl von Artikeln im Zeitungsstil anzuordnen und wie einen Sonderdruck wirken zu lassen. Legen Sie einer Mappe nie alle Artikel bei, die Sie jemals geschrieben haben, sondern nur eine Auswahl derjenigen, die Sie tatsächlich als Experten ausweisen.

8. Wie stellen Sie sich vor, wenn Sie neuen Menschen begegnen? Lange Sätze werden nicht behalten. Überlegen Sie sich, wie Sie kurz und prägnant auf den Punkt bringen können, was Sie machen und was Sie auszeichnet.

7 Empfehlungen ersetzen Werbung: Wie Sie sich ein Netzwerk aufbauen

»Der Reifen eines Rades wird von den Speichen gehalten. Doch das Leere darin ist das Sinnvolle beim Gebrauch. Aus nassem Ton werden Gefäße geformt. Jedoch die Leere darin ermöglicht erst das Füllen der Krüge. Aus Mauern, durchbrochen von Türen und Fenstern, baut man ein Haus. Aber der Leerraum, das Nichts, macht es erst bewohnbar. So ist das Sichtbare zwar von Nutzen, doch das Wesentliche bleibt unsichtbar.« (Laotse)

»Du, den kenn ich seit Jahren, ein toller Schreiber, und ein wirklicher Experte auf diesem Gebiet. Dem kannst Du den Auftrag geben, echt, für den lege ich meine Hand ins Feuer!« Ein solcher Empfehler wie im Beispiel öffnet Türen und erleichtert den Zugang zu neuen Auftraggebern. Selbst wenn die Empfehlung weniger pathetisch ausfällt, wird sie ihre Wirkung sicher nicht verfehlen. Ein »wende dich mal an den, der ist ein Fachmann für XY«, ist für die Karriere Gold wert.

Klar ist: Bei der Auftragsvergabe kommt es nicht allein auf Ihr fachliches Wissen und schreiberisches Talent an. Ein »Neuer« bekommt nur dann einen wichtigen Auftrag, wenn er von sich überzeugen kann. Dabei gibt es gegenüber »Neuen« immer erst einmal Vorbehalte. Diese lassen sich auch durch die besten Arbeitsproben nicht wirklich ausmerzen. Folge davon ist, das Arbeitsproben oft gar nicht genau gelesen werden, auf einem Stapel Akten landen und dort ihr Ziel verfehlen.

Niemals unbeachtet bleiben dagegen Empfehlungen. Sie wirken selbst dann als Türöffner, wenn es (noch) keine Arbeitsproben gibt – beispielsweise, weil der sich bewerbende Freie in den vergangenen Jahren als fest angestellter Redakteur gar nicht selbst geschrieben hat.

Ein Redakteur, der Arbeitsproben aufgrund von Empfehlungen anfordert, wird diese dagegen ganz genau lesen – oder auch nur überfliegen, weil ihm die Empfehlung wichtiger ist und Arbeitsproben in dieser Situation nur formale Bedeutung haben.

Der Aufbau und die Pflege eines Netzwerkes aus Empfehlern ist Voraussetzung für den langfristigen Erfolg eines jeden freiberuflich Selbstständigen. Es ist ratsam, das »Empfehlungsmanagement« oder »Networking« in die persönliche Marketing-Strategie zu integrieren und ganz gezielt anzugehen.

Derartig bewusste »Klüngeleien«, um bei der kölschen Variante des Netzwerk-Begriffs zu bleiben, sind nichts für Sie? Sie haben Recht: Netzwerken birgt auch Gefahren in sich. Schließlich kann sich nicht nur ein politisches, sondern auch jede Art von beruflichem Netzwerk verselbstständigen und »gefährlich« werden, indem es beispielsweise Informationen verschließt. Oder Aufträge nur aufgrund von Vitamin B an fachlich inkompetente Kollegen vermittelt. Indem sich die Teilnehmer an diesem formellen oder informellen Bund Honorare gegenseitig zuschustern. Gut dotierte Posten gegen offene Rechnungen tauschen.

Die Gefahr zu kennen ist schon wichtige Voraussetzung, um sich auf der einen Seite nicht auf sie einzulassen und auf der anderen, »saubere« Netzwerke zu erkennen.

Letztendlich haben auch Sie die Macht, Ihre Netzwerke zu beeinflussen und sauber von schädlichen Einflüssen zu halten. Sie können und sollten sich da Ihre eigenen Grenzen setzen. Empfehlungsmarketing funktioniert nur so lange, wenn der durch das Netzwerk protegierte Journalist auch die versprochene Leistung bringt. Wer Erwartungen nicht erfüllt, hat seine Chance dagegen schnell verspielt.

Den Medien ist es in den letzten Jahren gelungen, dem Begriff »Netzwerk« im Zusammenhang mit »Karriere« und »beruflichem Fortkommen« einen positiven Beigeschmack zu verleihen. Ja, das geht soweit, dass sich inzwischen sogar die gegenüber typisch männlichen »Seilschaften« (der negativen Ausprägung eines Netzwerkes) meist abgeneigten Frauen dafür begeistern. Diverse Frauen-Netzwerke unterstützen den weiblichen Teil der Bevölkerung bei seinem berechtigten Streben nach mehr Erfolg im Beruf. In diesen erlauchten Frauen-Kreisen werden Empfehlungen oft schon allein deshalb ausgesprochen, weil eine Mitgliedschaft zum Netzwerk besteht, ob diese nun Verbands-, Vereins- oder lediglich Stammtischcharakter hat.

Der englische Begriff Network hat eine technische Bedeutung (»Verteilernetz«) und wird gleichzeitig genutzt, um Beziehungen auszudrücken. Das Verteilen ist auch auf der Beziehungsebene eine Grundfunktion des Networking: Das gegenseitige Informieren ist eine Grundaufgabe jeden Verbandes oder lockeren Zusammenschlusses Gleichgesinnter. Vielleicht hat jene Redaktion einen alten Bekannten des Verbandssprechers an die Spitze der Redaktion befördert und öffnet sich neuen Themen. Vielleicht konzipiert dieser Verlag ein neues Lifestyle-Heft und sucht dazu freie Mitarbeiter. Interna aus der Medienwelt sind eine wertvolle Quelle, um frühzeitig (entstehenden) Bedarf zu erahnen oder gar konkret zu sichten.

Bei monatlichen oder wöchentlichen Treffen erfahren Sie solche Personalien oft lange bevor es eine offizielle Stellenbeschreibung gibt. Erfahren Sie von neuen Projekten, so können Sie sich schnell und mit einer Referenz in der Hand bewerben – möglicherweise, bevor der Auftraggeber jemand anderen direkt anspricht.

Aktives Networking – natürlich auch außerhalb von Verbänden und Organisationen – sorgt also nicht nur für Empfehlungen, sondern auch für einen Fluss von Informationen unterschiedlicher Art.

Informationen sind aber nicht nur zur Auftragsbeschaffung, sondern auch im Job selbst wichtig. Nur wer über die redaktionellen Zusammenhänge, über Stimmungen und Veränderungen informiert ist, kann Verhalten und Reaktionen seiner Ansprechpartner richtig einordnen. Schlechte Information auf der anderen Seite kann zum Außenseiter degradieren. Wer nicht vernetzt ist, ist auch leicht isolierbar, wird schnell zum Opfer von Mobbing-Attacken. Gerade am Stuhl neuer Freier, die nicht im eigenen Büro, sondern vorwiegend innerhalb von Redaktionen, Radio- und Fernsehanstalten arbeiten, wird gerne gesägt. Hintergrund ist der große Wettbewerbsdruck unter Journalisten.

Übrigens: Auch der journalistischen Qualität der eigenen Beiträge hilft ein Netzwerk auf die Sprünge: Ohne gute Kontakte kommen Informationen nur aus zweiter Hand – beispielsweise aus der Pressestelle. Um an exklusive Informationen zu kommen, benötigt ein Journalist auch exklusive Kontakte. Und diese lassen sich erstaunlich leicht aufbauen. Das Empfehlungs-Netzwerk schmieden

7.1 Das Karriere-Netzwerk schmieden

Jeder, der schon ein Stück Privat- und Berufsleben hinter sich hat, besitzt bereits ein Netzwerk. Meist ohne sich dessen wirklich bewusst zu sein und ohne es aktiv zu nutzen. Jedem sind schon einmal Menschen begegnet, die für die weitere berufliche Entwicklung eine entscheidende Rolle hätten spielen können... Vielleicht ist der alte Schulkamerad inzwischen Programmdirektor bei einem Fernsehsender, vielleicht Redaktionsassistent bei einer Zeitschrift.

In beiden Fällen kann er helfen, Hintergrundinformationen zu beschaffen oder einen wichtigen Kontakt herzustellen. Der ehemalige Interviewpartner hat vielleicht einen Draht zu einem Unternehmenschef, der genau zu diesem Thema etwas »unter der Hand« sagen könnte. Erster Schritt beim »Networking« ist also, sich das vorhandene Netzwerk bewusst zu machen und sich Namen in Erinnerung zu rufen, die vielleicht schon vergessen sind. Wen kenne ich eigentlich? Wer ist aus meinem Blickwinkel verschwunden?

Versuchen Sie den Karriereweg Ihrer alten und vergessenen Bekannten nachzuzeichnen. Das Internet ist ein sehr hilfreiches Mittel dazu, da es mittlerweile kaum noch Menschen gibt, die hier keine Spuren hinterlassen haben. Suchen Sie nicht nur im World Wide Web, sondern auch in den Newsgruppen (entsprechende Registerkarte wählen, etwa bei der Suchmaschine Google).

7.2 Das Erfolgsrezept: Erst geben, dann nehmen

Es gibt sie, die Schnorrer. Informations-Schnorrer und Kontakt-Schnorrer. Leute, die immer nur nehmen, ohne selbst etwas zu geben, machen sich aber schnell unbeliebt – und werden sicher nie dauerhafte Mitglieder eines Netzwerkes sein.

Ein Netzwerk funktioniert dann besonders gut, wenn es auf einem ausgewogenen Verhältnis zwischen Geben und Nehmen fußt. Deshalb ist es eine schlechte Ausgangsbasis für den Netzwerk-Erfolg, wenn ein egoistischer Zweck spürbar dominiert. Das Bedürfnis, anderen ebenso mit Rat und Tat zur Seite zu stehen, wie diese einem selbst, sollte mindestens den gleichen Stellenwert haben wie der Wunsch nach Kontakt und beruflicher Unterstützung. Wer nur nimmt, stößt andere Menschen vor den Kopf und sich selbst alle Türen zu.

Es ist deshalb falsch, Netzwerke nur unter dem Nutzenaspekt zu sehen. Nur wer unverkrampft damit umgeht und aus einem ureigenen sozialen

Bedürfnis auch Spaß an der Pflege hat, wird wirklich profitieren. Ja, es ist Marketing. Aber eine Art von Maßnahme, die viel Spaß macht und einem auch persönlich viel gibt.

Auf dem Prinzip Geben und Nehmen – also dem Networking – basieren übrigens auch die Newsgroups im Usenet (Bereich des Internets). Hier haben sich zu einzelnen Themen Menschen versammelt, die anderen mit ihrem Know-how helfen können. Wer etwas weiß, ist angehalten, dieses Wissen auch weiterzugeben. Im Gegenzug dazu kann er Antworten auf seine Fragen erwarten. Auch virtuelles Networking ist also eine Variante.

7.3 Empfehlungsmanagement: Königsweg, um neue Auftraggeber zu gewinnen

Der Trainer Roland Arndt hat noch nie eine Anzeige geschaltet. Kalt-Akquise? Schon seit vielen Jahren muss er sich nicht mehr für neue Aufträge ins Zeug legen. Arndt, Autor des Buches »Empfehlungsmanagement« (siehe Verzeichnis am Ende des Buches), lässt sich lieber von anderen weiterempfehlen – ebenso wie er Kollegen empfiehlt, die ihren Job gut machen. Als kleines Dankeschön bezahlt er dafür auch schon mal eine Vermittlungsgebühr.

Firmen im Direktvertrieb arbeiten schon seit Jahrzehnten nach dem Empfehlungsprinzip. Produkte werden nicht aktiv und öffentlich beworben, sondern nur per Mund-zu-Mund-Propaganda. Das Prinzip ist äußerst erfolgreich, die Bindung zwischen Produkt und Käufer oft sehr stark. Käufergruppen entwickeln sich zu verschworenen Gemeinschaften – Beispiel sind die legendären Tupperparties. Trotzdem sind die Geschäftspraktiken mancher Firmen, die so genanntes Multilevel-Marketing (MLM) nach dem Schneeballsystem betreiben, umstritten. Die Kritik ist dabei auch auf eine für europäische Verhältnisse völlig übertrieben anmutende amerikanische Hurra-Mentalität zurückzuführen, die die Vermarktung auf Empfehlungsbasis begleitet.

In den letzten Jahren haben sich zahlreiche Berufs-Netzwerke gebildet, die auch dem Ziel der gegenseitigen Vermarktung dienen. Dabei beziehen die Netzwerke nicht nur Kollegen mit sich ergänzenden Qualifikationen, sondern oft auch die direkte Konkurrenz in das Netzwerk mit ein. Motto: »Vielleicht habe ich einfach mal keine Zeit, einen Auftrag zu erfüllen, dann weiß ich, wen ich der Redaktion vermitteln kann.« Das ist Service: Anstatt Ihren Kunden die Suche selbst zu überlassen, helfen Sie bei der Vermittlung von Ersatz und bieten dann auch noch so etwas wie eine Qualitätsgarantie.

Journalisten nutzen Empfehlungsmarketing noch sehr selten und wenn, dann nur in Ansätzen. Die Zurückhaltung bei der Empfehlung untereinander mag im starken Wettbewerb unter Journalisten begründet sein und der Angst, den Auftraggeber zu verlieren. Vielleicht ist der Neue ja besser als ich? Nutzt meine Empfehlung nur aus, verbündet sich sogar mit dem Auftraggeber gegen mich?

Solche Situationen treten indes nur ein, wenn ohnehin schon ein Riss da ist. Sucht Ihr Auftraggeber bereits nach Ersatz, so wird er diesen auch ohne Ihre »Hilfe« finden.

Warum nicht einmal jemand empfehlen, der auf einem ähnlichen Gebiet aktiv ist, wie man selbst? Wer überzeugt von seiner Arbeit ist, braucht Wettbewerb nicht zu fürchten. Darüber hinaus ermöglicht so ein Vorgehen auch persönliche Weiterentwicklung. Vielleicht waren Sie bisher für eine kleine Fachzeitschrift tätig und möchten sich jetzt auf die auflagenstarken Publikumsmagazine konzentrieren? Dann ist es doch durchaus denkbar, dass Sie einen Auftrag an einen Kollegen abgeben, von dem Sie wissen, dass er gute Arbeit leistet. Oder... oder.

Es gibt ein paar regionale Stammtische, aber nur wenige echte Journalisten-Netzwerke. Journalisten-Büros greifen den Netzwerk-Ansatz auf, doch befinden sich die Grenzen an der Tür des eigenen Büros. Externe werden selten in die Netzwerk-Arbeit einbezogen – obwohl dies auch für manches Journalisten-Büro von Vorteil wäre.

Denkbar beispielsweise, dass sich das Büro bundesweit kompetente Partner für verschiedene Themengebiete sucht und diesen Partnern gegen Honorarbeteiligung Aufträge vermittelt, wenn passende Aufträge aus dem regionalen Umfeld kommen oder ein größere Projekt ergänzendes Know-how in einem bestimmten Gebiet erfordert. Die Empfehlung könnte beim nächsten Mal dann in die andere Richtung erfolgen – also vom Empfohlenen zu den Empfehlern. Vom Networking profitieren alle: Der Auftraggeber bekommt den »besten« für den Job, die Empfehler verdienen zusätzlich und können sich in der freien Zeit um eigene Aufträge kümmern.

Natürlich ist solches Empfehlungsmarketing mit Risiken behaftet. Wenn Sie vor dem Auftraggeber nicht als Journalistenbüro auftreten, sondern als Einzelperson, müssen Sie die Weitergabe von Aufträgen mit Ihrem Auftraggeber besprechen. Kann sein, dass Ihr Redakteur einverstanden ist – vielleicht aber auch nicht. Wenn Ihr »Schützling« jedoch schlechte Arbeit liefert, haben Sie das Ergebnis auch mitzuverantworten. Andererseits sollte Ihr Kollege bei neuen Auftraggebern motiviert sein, gute Arbeit abzuliefern, um von möglichen Folgeaufträgen zu profitieren.

Achtung: Bei bezahlter Vermittlung gilt es, die steuerliche Komponente zu beachten. Wie deklarieren Sie die für die Vermittlung gezahlte Prämie? Da es sich nicht um eine künstlerische Tätigkeit handelt, könnte es mitunter zu Konflikten mit der Künstlersozialkasse (KSK) kommen. Am besten fragen Sie Ihren Steuerberater, wie eventuelle Prämien sich in Ihr Einkommen fügen und auf welche Weise Sie diese gegenüber dem Finanzamt deklarieren.

Natürlich funktioniert Empfehlungsmarketing auch ohne finanzielle Anreize, doch schafft Geld oft eine größere Motivation. Vielen widerstrebt es allerdings, für eine Empfehlung Geld zu fordern oder zu nehmen. Und schließlich könnten Sie auch argumentieren, dass Geld den Empfehlungscharakter ja eigentlich zunichte macht.

Andererseits: Ist es wirklich verwerflich, wenn ich jemanden kenne, deren Arbeit ich schätze und den ich guten Gewissens für einen Job empfehlen kann, den ich selbst aus terminlichen Gründen oder aufgrund mangelnden Know-hows in einem bestimmten Fachbereich nicht wahrnehmen kann? Diese Frage muss letztendlich jeder für sich selbst beantworten.

Checkliste: Empfehlungsmanagement

1. Suchen Sie sich gezielt Kollegen aus, die zum Beispiel Ihr Kompetenzfeld ergänzen.

2. Empfehlen Sie nur Kollegen, deren Arbeit Sie kennen und wertschätzen.

3. Klären Sie die Rahmenbedingungen. Sie müssen sich in jeder Beziehung – auch bezüglich der Zahlungsmodalitäten – einig sein, damit es nicht zu Missverständnissen kommt, die den Erfolg des Netzwerks in Frage stellen könnte.

4. Klären Sie die steuerlichen Auswirkungen und die Auswirkungen von eventuellen Prämienzahlungen auf Ihre Sozialversicherungspflicht.

7.4   Adressen für Networker

Ob Alumniclub (Ehemaligen-Clubs von Universitäten) oder Berufsverband: Wo Sie sich engagieren, das hängt ganz von Ihren individuellen Präferenzen ab. Berufsverbände für Journalisten haben stets auch regionale Vertretungen. Ein »harter Kern« trifft sich z.b. einmal im Monat. Darüber hinaus können Sie auch selbst Initiativen gründen, aus denen Netzwerke entstehen.

Gewerkschaftliche Vertretungen

- Dienstleistungsgewerkschaft ver.di: *www.verdi.de*
- Deutscher Journalisten-Verband: *www.djv.de*
- Connexx-av, Interessenvertretung von Medienschaffenden in Rundfunk, Film und Neuen Medien (gehört zu ver.di): *www.connexx-av.de*
- Gewerkschaft Medien und Kommunikation (Schweiz): *www.syndicom.ch*
- Gewerkschaft der Privatangestellten Druck – Journalismus – Papier (Österreich): *www.gpa-djp.at*

Foren und Diskussionsgruppen

- Newsroom; eines der Top-Portale für Journalisten, betrieben vom Verlag Oberauer. »Debatten« zu aktuellen Themen sowie Möglichkeit, kostenlos Kleinanzeigen zu schalten: *www.newsroom.de*
- Journalistennetz Jonet: *www.jonet.org*
- Foren auf: *www.journalismus.com*

Frauen-Netzwerke

- Netzwerk wortstarker Frauen: *www.texttreff.de*
- Hier können TexterInnen ihre Texte vermarkten – und vieles mehr: *www.vorsicht-starke-wort.de*
- Bundesverband der Frau im freien Beruf und Management e.V.: *www.bfbm.de*

Verbände für Freiberufler und Journalisten

Freiberufler allgemein

- Freelancer International e.V.: Der Verband unterstützt Freiberufler branchenübergreifend beim aktiven Netzwerken, Regionalverbände vor allem im süddeutschen Raum: *www.freelancer-international.de*
- Bundesverband der Freien Berufe: *www.freie-berufe.de*
- Mediafon, kostenfreies Beratungs-Angebot für Freie: *www.mediafon.net*

Journalisten

- Deutscher Journalistenverband: *www.djv.de*
- Bayerischer Journalistenverband: *www.bjv.de*
- Deutscher Fachjournalisten-Verband e.V.: *www.dfjv.org*
- Journalistinnenbund: *www.journalistinnenbund.de.*
- Junge Journalisten: *www.JungeJournalisten.de*
- Junge Presse Bayern e.V.: *www.jpbayern.de*
- Deutsche Gesellschaft für Publizistik und Kommunikationswissenschaft (DGPuK): *www.dgpuk.de*
- Presseversorgungswerk: *www.presse-versorgung.de*

News aus der Medienbranche

- Kontakter: Neue Zeitschrift? Neuer Chef oder Verlag? Wenn sich was tut, weiß es der Kontakter: *www.kontakter.de*
- Kress Report: Täglich Kress – dieser Dienst hört das Gras wachsen. Alle personellen Änderungen in der Medienbranche laufen hier über den Ticker. Über die Suchmaschine lassen sich auch ältere Nachrichten leicht recherchieren: *www.kress.de*
- OTS: Das Portal der dpa-Tochter versorgt mit den tagesaktuellen Pressemeldungen, leicht recherchierbar über eine Suchmaschine: *www.presseportal.de*
- Textintern: Neues aus Print, TV, Hörfunk und Werbung: *www.textintern.de.*

8 Corporate Identity: Ihre Unternehmens-Persönlichkeit bestimmen

»Die Dinge haben nur den Wert,
den man ihnen verleiht.«

(Molière)

Der Kommunikations- und Marketingexperte Dieter Herbst definiert Corporate Identity so:

>»Corporate Identity ist das Management von Identitätsprozessen einer Organisation (...). Corporate Identity ist ein Mosaik, in dem alle Steine vorhanden sein müssen, damit ein komplettes Bild entsteht: CI berührt nicht nur Marketing oder Public Relations, sondern auch alle anderen Funktionen wie Personal oder Produktion. CI berücksichtigt nicht nur Firmenumfeld, sondern auch die eigenen Mitarbeiter. Sie wird nicht nur durch Design vermittelt, sondern auch durch Kommunikation und Verhalten. Diese ganzheitliche Sicht macht Corporate Identity zum wichtigsten Bestandteil der strategischen Unternehmensführung.«

Studien haben belegt, dass der Erfolg eines Unternehmens durch verschiedene miteinander vernetzte Faktoren des Firmenauftritts bestimmt wird – Design, Verhalten und Kommunikation. In den 70er Jahren verschmolzen diese Faktoren in der Marketingtheorie zu einem ganzheitlichen, strategischen Konzept. Die »Corporate Identity« war geboren. Dieser Begriff, oft auch kurz »CI« genannt, beinhaltet die drei Komponenten Corporate Design (Gestaltung), Corporate Communications (Kommunikation) und Corporate Behaviour (Verhalten).

Jedes Unternehmen besitzt eine Corporate Identity, auch wenn es gar nichts unternommen hat, um diese aktiv selbst zu gestalten, Management eher ein Missmanagement ist – ein Unternehmensbild entsteht auch ohne bewusste Gestaltung. Nur ist es dann eben nicht immer das gewünschte Bild, sondern eines, was die Öffentlichkeit sich selbst »gemacht« hat.

Jedes Telefongespräch, jede Rechnung, ja, sogar der Gang zum Briefkasten spiegelt eine CI wieder – auch, wenn diese nur aus Widersprüchen besteht. Viele Eindrücke prägen sich beim anderen ohne unser Zutun ein, nicht selten auf eine Art und Weise, die den eigenen Wünschen zuwider laufen. Um das Briefkasten-Beispiel noch einmal aufzugreifen: Wer den Gang zum Briefkasten jeden Tag zur gleichen Zeit unternimmt, präsentiert sich den Nachbarn als »Gewohnheitstier« und vielleicht sogar als Mensch, der diese Gewohnheit (die Post immer zum gleichen Zeitpunkt fertig zu machen und dann zum Briefkasten zu gehen) über aktuelle Erfordernisse (beispielsweise einen Auftrag termingerecht abzuwickeln) stellt. Wie diese Gewohnheit nach außen wirkt, ob sie in der Umgebung als »Merkmal« oder »Eigenart« ankommt, das hängt von weiteren Faktoren ab. Geht es im gehetzten Lauf oder im gemütlichen Gang zum Briefkasten? Werden Begegnungen mit anderen von einem stillen Gruß oder reger Unterhaltung begleitet? Wie viele Briefe stecken unterm Arm? Wie dick sind diese? Von Hand beschriftet öder mit Etikett?

Die Corporate Identity, oft mit dem deutschen Begriff Unternehmens-Persönlichkeit übersetzt, zieht ihre Identität aber nicht nur aus Fakten, sondern auch aus Interpretationen. Besitzt dieser Journalist keinen Computer – ist er ein Technik-Feind? Hält er dann nichts von E-Mail-Kommunikation, weil er immer nur Briefe schreibt? Hat er nicht einmal ein Faxgerät? Je weniger das Umfeld über den anderen weiß, desto eher macht sie sich ein eigenes Bild.

Dies zu verhindern ist Aufgabe einer aktiv gestalteten CI. Bilder sollen bewusst in die Öffentlichkeit getragen werden. Es ist deshalb Ihre Aufgabe als Gründer, die Umrisse festzulegen und das Bild mit Leben zu füllen. Das hat nichts damit zu tun, dass Sie der Öffentlichkeit Dinge vorgaukeln. Um bei Molière zu bleiben: Ein Wert kann nur verliehen werden, wo etwas vorhanden ist. Langfristig baut niemand allein auf dem Nichts aus. Und als Unternehmer, zumal als Dienstleister, sollten Sie langfristig denken.

Ein Auftraggeber, der sich für eine Dienstleistung entscheidet, trifft diese Entscheidung nicht allein auf der Basis von Arbeitsproben, des Lebenslaufes oder eines akuten Mangels in dem entsprechenden Themenbereichs – eben aufgrund der Sache. Er wird vielmehr auch gelenkt von Eindrücken und Gefühlen.

Das gibt natürlich kaum jemand zu, ja, die wenigsten sind sich der unbewussten Entscheidungsträger im Kopf überhaupt bewusst. Welcher rationale Mensch möchte von einem Vorstellungsbild, einem Image, beherrscht werden und erkennen, dass seine Entscheidungen nicht nur von der Vernunft, sondern auch von Gefühlen und Einstellungen bestimmt werden?

»Die Dinge haben nur den Wert, den man ihnen verleiht«? Der Erfolg zahlreicher Werbekampagnen legt nahe, dass sich Vorstellungsbilder – Image eben – durchaus bewusst verleihen und auch umgestalten lassen. Nehmen Sie nur die Marke »Audi« – in den 70er und 80er Jahren die Automarke für den älteren Mann mit Hut. Ende der 90er ist es Audi hingegen gelungen, der Automarke ein neues, modernes Image zu verleihen.

Indes: Jedes Image muss einer Überprüfung standhalten können. Ein Unternehmen, das sich als kundenfreundlich darstellt, Anrufer an der Hotline aber ständig barsch abwimmelt, kann das Bild von Kundenfreundlichkeit nicht aufrechterhalten.

Oder, um auf den Journalismus zurückzukommen: Ein Journalist, der mit intimer Kenntnis der Mobilfunktechnik wirbt, könnte sich viele Chancen verspielen, wenn sich sein Wissen beim ersten Auftrag als pure Aufschneiderei herausstellt. Corporate Identity und Unternehmen müssen zueinander passen und glaubwürdig sein.

Je stimmiger der persönliche und sachbezogene Auftritt, desto glaubhafter, echter die Marke Mensch, desto erfolgreicher das Unternehmen. Das Bild, was Sie als Unternehmer von sich selbst und Ihrer Dienstleistung zeichnen (Selbstbild) und das Bild, das beim anderen ankommt (Fremdbild) müssen zusammenpassen und – zumindest bis zu einem bestimmten Grad – kongruent sein.

8.1 Business Plan für Journalisten

Am Anfang steht die Idee, ein Ziel, das »Ich will«. Wofür stehe ich? Wohin strebe ich? Was mache ich anders als andere? Fast jeder Verein hat eine ganz genaue Vorstellung von dem, was er inhaltlich erreichen möchte. Unternehmensgründer haben eine Geschäftsidee. Je einfacher diese ist, desto erfolgreicher lässt sie sich meist am Markt durchsetzen. Komplizierte Geschäftsideen scheitern oft schon daran, dass der Kunde sie nicht versteht. Das wissen Existenzgründerberater. Deshalb lautet ihre Empfehlung auch stets, Ideen auf den Punkt zu bringen. Etwa in einem Business Plan. Spätestens der Business Plan zwingt dazu, über die Idee, den Wettbewerb, die Vorteile und auch über die nötigen Investitionen und den ROI (Return on Investment) nachzudenken. Wann sind erste Gewinne zu erwarten?

Doch die wenigsten Journalisten erarbeiten vor dem Start in die Selbstständigkeit einen Business Plan. Sie stürzen von heute auf morgen ins kalte Wasser, schreiben neben dem Studium oder beginnen als feste Freie mit einem (einigermaßen) sicheren Auftragsvolumen. Da kommt einem so ein Business Plan irgendwie überdimensioniert vor. Eine Corporate Identity erst recht. Doch, wenn es richtig ernst wird, wenn die freie Tätigkeit mehr sein soll als ein Job, nämlich eine Existenz, ist der Business Plan eine Möglichkeit, sich über die eigenen Ziele klar zu werden, Ist und Soll sowie den Weg dazwischen zu überprüfen.

Wer sich dagegen mit Unterstützung der Bundesagentur für Arbeit selbstständig macht – dort gibt es den so genannten Gründungzuschuss seit 2012 als Ermessensleistung –, erhält mit dem Antrag den Auftrag, einen Business Plan auszuarbeiten. Voraussetzung für die Genehmigung der Starthilfe für arbeitslose oder von Arbeitslosigkeit bedrohte Redakteure ist der Stempel einer fachkompetenten Organisation, etwa des DJV (Deutscher Journalisten Verband) oder eines spezialisierten Unternehmensberaters wie der Autorin. Dies führt oft dazu, dass Journalisten, die sich mit der Hilfe des Arbeitsamtes selbstständig machen, bewusster tätig werden. Nichtsdestotrotz scheitern viele, da die Existenzgründungspläne in der Vergangenheit wenig auf den Aspekt der Umsetzbarkeit hin überprüft worden sind. Vielmehr werden Muster einfach übernommen und Zahlen ohne Nachdenken eingesetzt.

Machen Sie sich vorher klar, dass ein Business Plan auf realistischen Zahlen basieren sollte. Um Einnahmen zu kalkulieren, müssen Sie Honorare sehr genau kennen, außerdem einschätzen können wie viel Prozent Ihrer Zeit für Akquisition, Administration und Organisation verloren geht (30 bis 80 Prozent, wenn Sie erst mal im Geschäft sind!). Die Ausgaben sind wesentlich einfacher zu berechnen: Eine Hilfestellung bietet dabei das »Unternehmenskonzept Journalist«, das Sie auf der Website *www.gruenderreports.de* (einem Angebot der Autorin) herunterladen können.

8.2   Von der Geschäftsidee zur CI

Die Idee, die sich im Business Plan niederschlägt, ist sozusagen die Wurzel der Corporate Identity. Ohne Idee lässt sich keine Unternehmensidentität aufbauen, keine Kultur ausprägen, keine Philosophie und auch kein Erscheinungsbild. Jedenfalls keines, das sich in die CI einreiht und deren sichtbarer Bestandteil wird.

Natürlich kann ein Journalist, der sich selbstständig macht, ein Signet in Auftrag geben, sich hübsche Visitenkarten und schickes Geschäftspapier drucken lassen. Doch dieses Erscheinungsbild spiegelt eher individuelle Geschmacksvorlieben wider, verfolgt keine einheitliche Linie. Hierbei handelt es sich nicht um Corporate Identity und auch nicht um Corporate Design (CD). Was als CI begriffen wird, ist vielmehr eine farblich und gestalterisch aufeinander abgestimmte Geschäftsausstattung. Diese kann dem Bild des Unternehmens, das ohne die bewusste Steuerung der CI ja zufällig entsteht, sogar zuwider laufen.

Ein Beispiel: Ein Motor-Journalist könnte mit der konservativen »Rechtsanwalts- und Steuerberaterschrift« Times New Roman auf seiner Karte den persönlichen Eindruck eines modernen, schnellen und jugendlichen Journalisten beim Gegenüber unbewusst in Frage stellen. Und zwar langfristig: Ist es doch die Visitenkarte, die den kurzen persönlichen Eindruck überlebt, die Erinnerungen an die Person auslöst – Erinnerungen eben, die durch ein Vorstellungsbild geprägt sind, das aus viel mehr als Fakten besteht. Vielleicht löst die Visitenkarte positive Erinnerungen aus. »Aha, ja, das war der und der, den sollte ich vielleicht noch einmal anrufen.« Vielleicht aber auch negative: »Ich bin mir nicht sicher, ob der für die Aufgabe wirklich geeignet ist. Der Artikel war gut, unbestritten, aber irgendwas stimmte mit dem nicht.«

Imagekampagnen scheitern, wenn eine Firma sich selbst als hypermodern und trendy darstellt, aber die Mitarbeiter ihren Arbeitgeber und die Kunden ihren Auftraggeber nicht darin wieder erkennen. Mitarbeiter und Kunden spüren den Bruch sofort, verlieren das Vertrauen und machen sich vielleicht auch sogar lustig über die seltsame Show, die der Arbeitgeber da in der Öffentlichkeit treibt. Ein Image kann also nicht aufgesetzt sein.

Hat ein Unternehmen eine richtungsweisende CI verloren oder ist diese verwischt und verwässert, so versuchen Marketingspezialisten das Vorstellungsbild, das über die Firma besteht, heute oft durch Befragungen von Mitarbeitern, Kunden und der Öffentlichkeit zu erforschen. Worauf lässt sich aufbauen? Welche Argumente lassen sich glaubhaft nach außen tragen? Ist es die Technologieführerschaft, das Vorreiter-Dasein, das sportliche Engagement?

Oder, zurück zum Journalismus, schlichtweg die Kompetenz im Bereich Steuerrecht für Freiberufler? Zwar wird sich kaum ein Journalist eine teure Imagekampagne leisten, aber vielleicht eine kleine Anzeige, die Website oder auch nur den Besuch auf der Messe. Bei jedem Kontakt zur Außenwelt schwingen Gefühle und Eindrücke mit, die das Image des Ein-Mann-

Unternehmens oder Redaktionsbüros bestimmen. »Komischer Typ«, »wirkt irgendwie verklemmt«, »ein ganz Netter, passt gar nicht zu der unfreundlichen Tante, die ich da sonst immer am Telefon habe«! Auf solche Gedanken hat doch niemand Einfluss? Und ob Sie das haben!

Wer seine Corporate Identity auf einer Idee aufbaut, bewusst entwickelt und immer wieder überprüft, hat seine Darstellung und Wirkung in der Öffentlichkeit durchaus in der Hand. Auch Journalisten, die bereits länger frei tätig sind, können den Ist-Zustand analysieren, zum Beispiel durch Umfragen im vertrauten Umfeld oder mit Hilfe eines Experten, und darauf aufbauend eine bewusstere Corporate Identity entwickeln.

Bei der Definition Ihrer CI arbeiten Sie am besten mit vielen beschreibenden Adjektiven. Nehmen Sie auch Ihr Mission Statement zur Hand. Hier haben Sie ja schon ausgedrückt, wo Sie hin wollen. Jetzt ist nur noch die Frage, wie Sie Ihr Ziel erreichen möchten.

Checkliste: Was ist Ihre Corporate Identity?

Folgende Checkliste soll dabei unterstützen, die eigenen Argumente zu betonen und klarer zu sehen, wer Sie sind und was Sie darstellen. Sehr hilfreich ist es, die Antworten schriftlich zu fixieren.

Was ist Ihre Geschäftsidee?
Wo grenzen Sie sich von anderen Journalisten ab?
....
....
....
....

Wie grenzen Sie sich von anderen, ähnlichen Ideen ab – in Ihrer Dienstleistung oder/und Ihrer Kommunikation mit Auftraggebern? Holen Sie Ihr persönliches Mission Statement hervor, wenn Sie dieses bereits formuliert haben.
....
....
....
....

Mit Hilfe welcher persönlichen Eigenschaften möchten Sie Ihr Ziel verwirklichen?

....
....
....

Wodurch ist Ihr Kommunikationsstil geprägt? Wie treten Sie auf?
(z.B. stets hilfsbereit, freundlich, humorvoll, etwas zynisch...)

....
....
....

Haben Sie Mitarbeiter oder gründen Sie mit Kollegen ein Journalistenbüro? Welche Eigenschaften haben diese Menschen?
Können Sie sich auf ein gemeinsames Ziel, ein Mission Statement und eine glaubhafte Corporate Identity einschwören?

....
....
....

Welche Adjektive fallen Ihnen spontan ein, die Sie und Ihre Arbeit charakterisieren?

....
....
....

Welche Adjektive fallen Bekannten von Ihnen spontan ein, die Sie und Ihre Arbeit charakterisieren? Wo gibt es Übereinstimmungen und wo Diskrepanzen? Fragen Sie möglichst viele verschiedene Personen, die mit Ihnen zu tun haben und bitten Sie um eine ehrliche Auskunft.

....
....
....

Und jetzt geht es zur »Sache«:

Wie können Sie Ihre festgelegten Eigenschaften und Charakteristika gestalterisch zum Ausdruck bringen? Was »passt«? (Lassen Sie sich, wenn möglich, von jemandem beraten, der sich in den Gestaltungsgrundlagen, in Farbenlehre etc. auskennt!)

....

....

....

Durch welche Elemente soll Ihre Kommunikationspolitik gekennzeichnet sein? Wie möchten Sie auftreten – am Telefon, Vis-à-Vis, in der Öffentlichkeit (etwa im Internet oder im regionalen Umfeld).

....

....

....

8.3   Zum Vorzeigen: Geschäftsausstattung mit Corporate Identity

Der freie Journalist Peter R. hatte am Telefon einen guten Eindruck gemacht. Autor für Handelsblatt, w&v, ja sogar in der Süddeutschen Zeitung sollen schon Beiträge von ihm erschienen sein. Schnell wurde R. in die A-Kategorie eingeordnet: als sehr wichtiger Kontakt. Jemand, der nicht nur Statements aus der Presseabteilung bekommt, sondern direkt mit dem Vorstand reden darf.

Hohe Erwartungen an einen kleinen Journalisten, für den ein ganzes Empfangskomitee abgestellt wurde. Doch beim Besuch zückte er nur eine mit einer Software (Visitenkartendruckerei) erstellte und mit Fettflecken entstellte Visitenkarte. Der gute Eindruck war umgehend verflogen. Jemand, der sich nur aufspielt? Einen kleinen Auftrag für das Handelsblatt so aufbauscht?

Völlig dahingestellt, ob Peter R. wirklich wichtig war oder ob es vertretbar ist, jemanden aufgrund einer Hand voll Second-hand-Informationen in eine Schublade zu stecken (viele Presseleute ordnen Redaktionen und freie Journalisten tatsächlich in eine A, B und C-Kategorie ein!): Durch seinen direkten Auftritt hatte sich R. selbst herabgestuft.

»Wie kann man jemand nach der Visitenkarte beurteilen!« mögen Sie einwenden. Es ist in der Praxis auch so, dass kaum jemand einen anderen aufgrund eines Stückchen Papiers bewusst beurteilt. Vielmehr werden durch einen visuellen Eindruck Assoziationen ausgelöst, die oft gar nicht mal bewusst wahrgenommen werden.

Die Konsequenz daraus: Bevor Sie an die Öffentlichkeit gehen, sollten Sie sich mit Visitenkarten und Geschäftspapieren versorgen, die Sie auch zur Imageförderung nutzen können. Verteilen Sie besser gar keine Visitenkarten, als solche, die Sie in ein ungünstiges Licht rücken. Stimmen Sie die Gestaltung von Visitenkarte, Geschäftspapier, Internetauftritt und eventuell Imagebroschüre (falls Sie nicht nur journalistische Dienstleistungen anbieten) aufeinander ab.

Holen Sie sich dazu, wenn irgend möglich, die Hilfe eines kompetenten Fachmanns, am besten eines ausgebildeten Grafikdesigners. Natürlich ist es günstiger, eigene Entwürfe von Druckereien umsetzen und dann direkt drucken zu lassen, doch es lohnt sich in der Regel, etwas mehr in das Outfit seiner »Firma« zu investieren.

Wie sich Ihre CI im Design – also Ihrem Corporate Design, der CD – niederschlagen soll, können Sie, am besten gemeinsam mit Ihrem Grafiker mit Hilfe des folgenden Fragebogens ermitteln.

Checkliste: Corporate Design

• Farben: Welche Farben drücken am besten aus, wie Sie sich darstellen möchten? Welche Farbenkombination ist ideal? Sind weiche Verläufe günstig oder scharfe Kontraste besser?

• Typo: Welche Typo kommt Ihrem Unternehmensimage am nächsten? Eine konservative Schriftart wie die Times New Roman oder eine modernere serifenlose Schriftart? Welche Größe soll diese Schrift standardmäßig haben? Soll es Unterschiede zwischen Fließtext und Überschriften geben? Schreiben Sie bewusst klein, um Fortschritt und »Bruch mit dem Gewohnten« zu signalisieren?

• Formen: Welche Formen sollen sich in Ihrem Design ausdrücken? Kreise oder Rechtecke, Linien oder Kurven?

• Bilder: Gibt es Bilder, mit denen Sie arbeiten möchten? Bilder, die Assoziationen hervorrufen, etwas unterstreichen und vielleicht auch provozieren sollen? (Beispiel: Tastatur für IT-Journalisten).

77

- Stil: Welchen Stil verkörpert Ihre Ausstattung? Kommen Sie schnell auf den Punkt? Dann kann beispielsweise »Telefon« auch abgekürzt sein (»tel«). Sind Sie genau und haben eine Vorliebe fürs Detail? Dann würde das ausgeschriebene »Telefon« besser zu Ihnen passen.

- Slogan: Soll sich ein Slogan oder ein Leitspruch auf Ihren Unterlagen befinden – und wenn ja, was soll da stehen? Wie fügen sich diese Worte in das Gesamtbild ein?

- Papier: Welches Papier unterstreicht Ihren Stil? Ein naturfarbenes oder ein hochglänzendes, ein reinweißes oder cremefarbenes?

Legen Sie aufgrund Ihrer Antworten Gestaltungsrichtlinien schriftlich fest. Nutzen Sie beispielsweise künftig immer nur die Schriftart Verdana: als Hintergrund weiß, Schriftfarbe schwarz und Zusatzfarbe türkis. Gestalten Sie auch alle Formen und Ihren Schreibstil einheitlich.

Internet-Kataloge – Hier finden Sie Druckereien und Designer

- *www.xing.de*
- *www.projektwerk.de*
- *www.webgrrls.de*
- *www.flyerpilot.de*
- *www.flyeralarm.de*

9 Vom No-Name-Produkt zur »Marke Ich«

Einer Marke hält man die Treue. Markenprodukte werden gerne gekauft. Zwar sind auch No-Name-Artikel oder Handelsmarken (Marken, die von bekannten Herstellern für bestimmte Unternehmen, z.B. Supermärkte produziert werden und deren Logo tragen) erfolgreich. Diese gewinnen ihre Kunden aber über einen anderen Weg: Qualität und Preis. Eine langfristige Bindung, eine Identifikation mit der Marke entsteht hier nicht. Und falls doch, so entwickelt sich das No-Name-Produkt selbst zum Marken- oder gar Kultprodukt. Eine Marke hat immer auch eine emotionale Komponente. Aus diesem Grund wird für Marken auch oft tief in die Taschen gegriffen, selbst wenn die Qualität beim näheren Hinsehen den Preis nicht rechtfertigt – die Marke macht den (Preis-)Unterschied.

Unternehmen, die bekannte Marken herstellen, halten sich entweder im Hintergrund (z.B. Beiersdorf, Unilever) oder stellen sich selbst als nach außen sichtbare »Dachmarke« bewusst über das Produkt (Volkswagen). Im ersten Fall fokussieren Hersteller Images ganz auf ihre Produkte – Persil oder Nivea. Dass der Hersteller dieser Creme die Firma Beiersdorf ist, weiß nur der interessierte Käufer, der sich auch die Verpackung ansieht. Das hat strategische Bedeutung: Marken sollen unabhängig voneinander und unabhängig vom Unternehmensimage positioniert werden. Auch die Automarke Smart wird losgelöst von Daimler-Chrysler kommuniziert – was in diesem speziellen Fall indes nicht verhindern kann, dass Smart auch als Teil von Daimler Chrysler wahrgenommen wird. Wovon Smart als Marke wohl auch profitiert hat: Daimler Chrysler wiederum steht selbst als Marke da – eine Marke, die für besonders hohe Qualität bürgt.

Längst sind auch Menschen zur Marke geworden: Prominent geworden durch Marketing (z.B. Verona Feldbusch) oder noch prominenter durch aktive Vermarktung in der Werbung (z.B. Oliver Bierhoff).

Doch was ist überhaupt eine Marke? Ein Produkt, das Eigenschaften besitzt, die der Käufer ihm bewusst zuweisen kann (was nicht notwendigerweise bedeutet, dass nur dieses Produkt diese Eigenschaften besitzt). Ein Produkt, das Emotionen auslöst.

Marke hat deshalb eine Menge mit Image zu tun. Natürlich gibt es eine wahrnehmbare Kennzeichnung, die ein Produkt gegenüber Konkurrenzprodukten abgrenzen soll. Darüber hinaus ist eine Marke aber auch geprägt von Vorstellungen über ihren subjektiven Nutzen – von Images also.

Letztendlich entscheiden folglich nicht allein Sachargumente über den Erfolg einer Marke. Eine Langzeitstudie des Nürnberger Marktforschers GFK zeigt zwar, dass Vertrauen in Marken maßgeblich von gleich bleibender Qualität bzw. besserer Qualität als die der Konkurrenz und günstigem Preis-Leistungs-Verhältnis abhängt. Objektiv besteht jedoch häufig kaum ein Unterschied in Qualität und Preis. So unterscheiden sich die Zigaretten unterschiedlicher Marken nur marginal. Es gibt auch kaum einen Unterschied zwischen verschiedenen Schwarztee-Sorten.

Markenbildung hat folglich mit mehr zu tun als nur mit hoher – oder vergleichsweise höherer – Qualität. Eine zentrale Rolle spielt neben den Unterscheidungsmerkmalen zu anderen Produkten auch die persönliche Identifikation mit dem Produkt, zudem eine emotionale Bedürfnisbefriedigung – an dieser Stelle kommt wieder Abraham Maslow mit seiner Pyramide ins Spiel.

Übertragen auf Ihre eigene Markenbildung bedeutet das: Es ist gut, Qualität zu bieten und sich von anderen abzugrenzen, aber darüber hinaus spielen auch emotionale Aspekte eine Rolle. Nur, wenn Sie es schaffen, sich selbst zur Marke zu machen, lassen Auftraggeber andere Faktoren als die Höhe des Honorars bei der Auftragsvergabe entscheiden.

Letztendlich sind Sie also Ihr eigenes Produkt, die »Marke Ich«. Die Basis für Ihren Erfolg ist Leistung, aber Erfolg ist nicht allein über Leistung zu erreichen. Entscheiden Sie sich frühzeitig für eine bewusste Imagebildung. Denken Sie daran: Images sind Vorläufer von Marken. Tun Sie das nicht, laufen Sie Gefahr, dass Vorstellungsbilder über Sie und Ihr Unternehmen von selbst entstehen. Images, die Sie nicht unter Kontrolle haben und die Ihrem Selbstbild vielleicht sogar zuwider laufen.

9.1 Wie Menschen zur Marke werden

Warum eignet sich Verona Feldbusch so gut als Werbefigur für Spinat? Aus welchem Grund ist Günther Jauch der glaubwürdige Partner, wenn es um Umwelt geht? Menschen stehen für bestimmte Eigenschaften, verkörpern ein bestimmtes Image. Oft, ohne sich dessen wirklich bewusst zu sein. Nicht selten hat das Image wenig mit dem zu tun, was ein bestimmter Mensch darstellt. Die Entwicklung erfolgte unbewusst, ohne explizites Dazutun.

Verona Feldbusch und Günther Jauch sind keine Zufallsprodukte. Ihr Bild in der Öffentlichkeit ist nicht einfach so, sondern durch ein Bündel an Maßnahmen entstanden, die aufeinander abgestimmt wurden. Dass diese Marken gut »funktionieren« hat auch mit der Integrität der Personen zu tun. Das »verpasste« Image muss etwas mit der »echten« Persönlichkeit zu tun haben, um dauerhaft – oder über einen längeren Zeitraum – glaubwürdig zu sein.

Ziel erfolgreicher Markenbildung ist es, Wahrnehmung bewusst zu steuern. Dabei spielt Authentizität eine tragende Rolle: Die Marke, die Sie schaffen, muss mit Ihnen selbst zu tun haben. Sie müssen sich damit identifizieren können, Sie müssen authentisch sein.

VW könnte sich nicht als modernes, zukunftsweisendes Unternehmen präsentieren, wenn es veraltete Strukturen besäße und eine konservative Unternehmenspolitik verfolgen würde. Verona Pooth hätte nie das Image der Ulknudel erlangt, wenn sie nicht auch tatsächlich humorvolle Seiten hätte. Günther Jauch gilt auch deshalb glaubwürdig, weil er Skandale vermeidet.

Authentizität ist für Sie noch viel wichtiger als für VW, Frau Feldbusch und Herrn Jauch, die ein Massenpublikum ansprechen. Sie richten sich an einen kleinen Kreis. Da sind die Antennen der Wahrnehmung viel kleiner und sensibler.

Wofür stehen Sie? Was ist Ihr Image? Oft fällt es nicht leicht, das selbst zu beurteilen. Dann empfiehlt es sich, Bekannte zu fragen oder frühere Arbeitgeber. Reduzieren Sie die Eigenschaften, die Sie auszeichnen auf das Wesentliche, und wählen Sie die wichtigsten Punkte aus Ihrem Katalog aus. Dabei sollten Sie ein möglichst einfaches Bild zeichnen – Marken müssen schnell verstanden werden, ohne lange und komplizierte Erklärungen, am besten in einem einzigen Satz und mit wenigen Adjektiven

Versuchen Sie es!

....

....

....

....

....

....

Einige Fragen, die Sie auf eigene Ideen bringen sollen:

- Sind Sie ein begnadeter Schreiber?
- Kann niemand so gut wie Sie Produkte testen?
- Kennen Sie dieses bestimmte Milieu wie kein Zweiter?
- Profitieren Sie von Ihrem Branchen-Know-how?
- Sind Sie besonders zuverlässig und akribisch?
- Kann kein Zweiter so gute Servicegeschichten schreiben wie Sie?
- Sind Sie ein Zyniker mit Herz?
- Haben Sie eine witzige Art zu schreiben?
- Sind Sie gnadenlos in Ihren Kritiken, aber auch wahnsinnig witzig?
- Können Sie nicht nur schreiben, sondern auch zeichnen, gestalten. Sind Sie ein Multitalent?

Entscheiden Sie sich, was Sie verkörpern können und was Sie verkörpern wollen. Ihre Entscheidung, bestimmte Aspekte Ihrer Arbeit zu betonen, sollte sich etwa auch in Ihrer Mission niederschlagen. Lassen Sie dabei ruhig auch einen emotionalen Aspekt zu:

- Sind Sie der begnadete Schreiber, der alle Damen becirct?
- Sind Sie ein begabter Tester, der immer die Antwort weiß, wenn jemand Fragen hat?
- Kennen Sie die Szene und sind auch immer für einen Kneipenbummel zu haben?
- Profitieren Sie von Branchen-Know-how und sind Sie der Mann oder die Frau mit den geheimnisumwobenen Kontakten in die Wirtschaft?
- Kann kein Zweiter so gute Servicegeschichten schreiben und ist gleichzeitig soooo nett!
- Haben Sie einen eigenen Stil entwickelt, sind dabei aber auch etwas hochnäsig und unnahbar?
- Können Sie nicht nur schreiben, sondern auch layouten und sind dabei ein manchmal etwas zerstreutes Multitalent, das selbst in schwierigen Situationen immer eine Lösung findet?

Lassen Sie den Teil der Persönlichkeit durchscheinen, der von der Öffentlichkeit verstanden wird. Sie müssen nicht auf Gedeih und Verderb »der Nette« sein (denn: »nett kommt von Netto und netto heißt nichts«). Auch als »Mr. Unnahbar« oder »der Zyniker« können Sie Karriere machen. Wichtig ist nur, dass Sie sich an einige kommunikative Grundregeln halten. Und Ihr gewähltes Image auch zu Ihnen passt. Andernfalls wird sich Ihre Markenbildung verselbstständigen und eigenständig entwickeln. Möglicherweise in eine Richtung, die Ihnen gar nicht gelegen kommt.

9.2 Ihr USP: Betonen Sie Ihr besonderes Verkaufsargument

Jetzt sind Sie ihm ganz dicht auf der Spur: Ihrem Alleinstellungsmerkmal, der Unique Selling Proposition. Das ist das Verkaufsargument, das ein Produkt zu etwas Besonderem macht, es von anderen, ähnlich gearteten Produkten abgrenzt. Dabei kann der USP auf Fakten beruhen (z.B. »nur XY hat die ABC-Formel«, »der erste Kaffee, der sprudelt«) oder aber emotional bestimmt sein (« verjüngt Sie um mindestens zehn Jahre«).

Ein emotionaler USP macht das Produkt selbst zur Nebensache. Das Gefühl, was sich aufgrund der Produktbotschaft einstellt, ist entscheidend. An Konsumgütern lassen sich USP besonders gut demonstrieren:

Denken Sie beispielsweise nur an Kosmetik-Werbungen. Hier geht es nur um das, was das Produkt scheinbar mit uns macht. Oder haben Sie schon einmal eine Parfum-Anzeige gesehen, in der ein Duft ausführlich beschrieben wurde? Oft sind Fakten und Emotionen vermischt, schmelzen zusammen in einem Argumentations-Mischmasch, der auf den ersten Blick »sachlich« bestimmt wirkt. Beispiel sind die Megaperls von Persil. Diese Perlen sollten in den 90er Jahren mehr Waschkraft verleihen. Die Kügelchen symbolisierten diese Kraft. Doch es ging auch um das Neuartige, das Revolutionäre, das Andere: Kügelchen statt Pulver, wow. Ein echter »USP«, weil er tatsächlich einen neuen, bis dahin nicht da gewesenen Vorteil beschreibt.

Und was sind Ihre Megaperls? Was ist Ihr einzigartiger Produktvorteil? Warum können Sie Aufträge besser erledigen als XY? Was haben Sie, das andere nicht haben? Ihr Argument wird vermutlich sehr nahe an dem sein, was Ihnen beim Thema »Marke« zuerst eingefallen ist. Überprüfen Sie – vor allem wenn Sie sich nicht ganz sicher sind – Ihre Ideen auf Ihre Überzeugungskraft, indem Sie mit Menschen reden, die Ihre Arbeit beurteilen und einschätzen können.

Folgende Fragen können Ihnen helfen, Ihre Gedanken besser zu ordnen und auf den richtigen Weg zu bringen:

- Was kann ich besser als andere?
- Wo kenne ich mich besonders gut aus?
- Habe ich bereits etwas vorzuweisen, das mich abhebt von anderen (z.B. eine Buchveröffentlichung)?
- Verfüge ich über ein Netzwerk, das hilft, meine Arbeit einzigartig zu machen?
- Kenne ich Menschen, zu denen andere nur schwer einen Zugang finden?
- Bin ich ein Multitalent, das sich in vielen Bereichen gut auskennt?
- Habe ich besondere Marktkenntnisse?
- Besitze ich ausgeprägte Technikkenntnisse?
- Habe ich schon mal für ein renommiertes Blatt geschrieben oder als Praktikant/Volontär/Redakteur gearbeitet?
- (...)

Notieren Sie sich Ihren USP in einer leicht verständlichen Form. Etwa so: »Als Autor von Spiegel Online habe ich mir im Bereich Netzkultur einen Namen als Kultautor gemacht.«

Oder: »Ich bin eine Architektin, die Themen ausgesprochen publikumsnah verpacken kann und habe schon in der Vergangenheit mein Gespür für Trends belegt.« Oder: »Da ich in der High Society zu Hause bin, fällt es mir leicht über sie zu schreiben und Interviewpartner zu finden.«

Mein USP:
....
....
....
....
....
....

10 Was Sie für den erfolgreichen Start brauchen

Obwohl sein Überbrückungsgeld zur Neige ging, konnte der Journalist Ole sich nicht aufraffen, mit der Akquise zu beginnen. Die Atmosphäre zu Hause hemmte ihn. Auch, wenn alle Familienmitglieder aus dem Haus waren und er eigentlich sehr viel Ruhe hatte: Es war die vertraute Umgebung, die ihn ablenkte. Erst als er sich in einem kleinen Büro untermietete, konnte er wirklich aktiv tätig werden.

Es ist nicht nur die Psychologie, wie in diesem Beispiel, die dem erfolgreichen Start in die Selbstständigkeit Steine in den Weg legt. Ein Büro und eine gute Ausstattung schon in der Startphase bedeuten, einen Ort zu haben, an den man sich begeben kann, der hilft, Privat und Beruf zu trennen. Eigene Büroräume verleihen dem »Unternehmen« Selbstständigkeit einen höheren Wert und weisen ihm eine größere Bedeutung zu. Studien haben gezeigt, dass Existenzgründer, die Ihre Selbstständigkeit planen und professionell umsetzen, seltener Pleiten anmelden als Kollegen, die sich Hals über Kopf oder nach dem Motto »mal sehen, was kommt« in ein berufliches Abenteuer stürzen.

Dennoch, es muss nicht immer das Büro sein. Viele Journalisten sind auch von zu Hause aus erfolgreich, finden es toll, auf diese Weise Familie und Beruf besser verbinden zu können, wollen die explizite Trennung gar nicht. Auch das eigene Arbeitszimmer kann dann eine Umgebung sein, in der sich viel leisten lässt – so lange der Raum für ungestörte Telefonate und konzentrierte Arbeit vorhanden ist. Letztendlich müssen Sie Ihre individuelle Entscheidung fällen und sich die Frage stellen: Welche Umgebung hilft mir, erfolgreich zu sein?

10.1 Die eigenen vier Wände oder Bürogemeinschaft?

Ich-AG oder Wir-AG? Für das alleine arbeiten spricht erst einmal viel: Wenn Sie als Journalist viel unterwegs sind, brauchen Sie vielleicht nur eine kleine Ecke für Ihren Computer und das Faxgerät. Arbeiten Sie jedoch hauptsächlich am PC, könnte sich über kurz oder lang Sehnsucht nach den eigenen vier Bürowänden einstellen. Einfach, um mehr Ruhe und den Kopf frei zu haben: Nicht selten sind »Schreiber« eigentlich »Telefonierer«, verbringen den halben Tag mit dem Hörer in der Hand. Das bringt auch sehr viele Unruhe ins Haus und, sofern es sie gibt, in die Familie.

Angst vor den Kosten hält viele davon ab, sich nach Büroräumen umzuschauen. Kann ich mir das wirklich leisten? Muss das wirklich schon am Anfang sein? Wer nachrechnet, wird aber feststellen: Das Arbeitszimmer zu Hause ist nicht sehr viel preiswerter als das eigene, kleine Büro. Schließlich sind Arbeitszimmer steuerlich nur noch sehr eingeschränkt absetzbar – wenn diese Ihren Arbeitsmittelpunkt bilden. Sind Sie überwiegend unterwegs oder arbeiten Sie beim Auftraggeber, haben Sie »Pech« gehabt.

Ein Büro ist dagegen immer absetzbar, egal wie oft sie da sind. Sie könnten sogar Kosten sparen, wenn Sie in eine Bürogemeinschaft ziehen und dort zwar auf eigene Rechnung arbeiten, aber mit anderen Kollegen gemeinsam Einrichtungen wie Fax, Kopierer oder auch Laserdrucker anschaffen, nutzen und teilen. Eine Telefonkraft lässt sich von mehreren Kollegenhonoraren leichter bezahlen. Auch so etwas wie Computerinstallation fällt in Bürogemeinschaften weit weniger ins Gewicht. Selbst den Fachmann bei Computer-Problemen kann man sich zu dritt oder viert eher leisten.

Die Arbeit in einer Gemeinschaft mit anderen Selbstständigen hat zudem positive Auswirkungen auf das eigene Geschäft: Oft empfehlen sich die Bürokollegen gegenseitig – einfach, weil es so »naheliegend« ist, auf den Schreibtischnachbarn zu verweisen. Zudem lassen sich Aufträge gemeinsam erledigen – doch halt, damit sind wir bei der Wir-AG.

Treten Sie gemeinsam auf als eine Agentur oder ein Presse- oder Redaktionsbüro, so sind Sie ob Sie wollen oder nicht eine Gesellschaft Bürgerlichen Rechts (GbR). Das bedeutet: ein Gesellschaftervertrag empfiehlt sich sehr, außerdem müssen Sie eine gemeinsame Gewinnaufstellung beim Finanzamt einreichen und zusammen Umsatzsteuer zahlen. Vorteil der GbR: Sie sind weiterhin Freiberufler, können über die Künstlersozialkasse versichert bleiben und Synergien nach Lust und Laune nutzen.

Allerdings ist auch der eine für den anderen verantwortlich. Jeder Erfolg ist ein gemeinsamer Erfolg. Das bedeutet auch, dass das Honorar nicht mehr pro Artikel oder Stunde anfällt, sondern erst einmal in einen gemeinsamen Topf wandert und von dort aus nach dem im Gesellschaftervertrag benannten Schlüssel (z.B. 50/50 oder 30/30/40) verteilt wird. Mir sind auch Büros bekannt, die Stundenauflistungen erstellen und dann die Gesellschafter pro Stunde bezahlen. Diese müssen auf Listen vermerkt werden. Ich halte das für viel zu aufwändig und wenig sinnvoll, schließlich fällt auch sehr viel unproduktive Arbeit an, die kaum berechnet werden kann.

Nachteil der GbR ist die gemeinsame gesamtschuldnerische Haftung. Kann ein Partner die Miete nicht zahlen oder einen Kredit, müssen Sie für ihn einspringen. Wenn Sie als Journalistenbüro gemeinsame Gewinne erwirtschaften, haften Sie somit auch für Fehler der Kollegen – oder Verluste, die vielleicht nur von einem zu verantworten sind. Einer für alle, alle für einen. Um dieses »Risiko« mitzutragen, müssen Sie viel Vertrauen in die Kollegen mitbringen – und sollten sie und ihre Arbeit schon eine Weile kennen. Das fordert eine ganze Menge Vertrauen.

Wenn Sie sich erst einmal gegenseitig beschnuppern möchten, verspricht eine Bürogemeinschaft einen guten Start. Bei Anwälten ist es gang und gäbe, dass aus Bürogemeinschaften später Sozietäten entstehen. Auch viele durch gemeinsame Miete zunächst locker verbundenen Journalisten haben sich irgendwann dann doch entschlossen, ein Journalistenbüro mit gemeinsamer Gewinnerzielungsabsicht zu gründen.

Wie auch immer Sie sich entscheiden, ob für die Ich- oder die Wir-AG: Am Anfang steht die Frage »Wie finde ich überhaupt einen Platz in einer Bürogemeinschaft oder günstige eigene Räume?«

Begeben Sie sich für Ihre Suche an Orte, an denen Sie Kollegen finden. Auch mit Freiberuflern aus verwandten Berufen können Sie eine gemeinschaftliche Nutzung von Räumen beschließen – und zwar ganz ohne jenen internen Konkurrenzdruck, der wohl aufgrund der engen Marktsituation unter Journalisten verbreitet ist. Unter fachfremden Kollegen kann Networking deshalb intensiver sein: Da keiner dem anderen Aufträge abjagen kann, empfiehlt der eine den anderen. Oft entwickeln sich zudem Gemeinschaftsprojekte, die aus der Zusammenarbeit entstehen. Warum als Text-Grafik-Team nicht einmal gemeinsam die Imagebroschüre einer Institution gestalten? Als Übersetzer und Journalist ausländische Märkte bedienen? Oder einer PR-Agentur als Doppelpack, etwa bestehend aus Berater und Schreiber, gemeinsam Unterstützung bieten?

Erste Anlaufstelle, um Mitmieter zu finden, kann Ihr »Netzwerk« sein: Der Bekanntenkreis, die Freunde, ehemalige Kollegen, Interviewpartner... Auch Aushänge in Verlagen oder in Fernseh- und Rundfunkanstalten können sinnvoll sein, Journalisten-Portale im Internet eine weitere Möglichkeit. Möchten Sie gezielt auch andere Berufsgruppen ansprechen – beispielsweise Existenzgründer aus den Bereichen Technik oder Design – treffen Sie diese am ehesten auf branchenspezifischen Seiten. Darüber hinaus helfen regionale Seiten für Existenzgründer und auch Existenzgründungs-Beratungen weiter. Und natürlich kann der Blick in die Tageszeitung und in Stadtmagazine nicht schaden.

Immer moderner werden die so genannten Co-Working-Offices, zum Beispiel die *www.friendsfactory.de* oder das *www.betahaus.de*. Weitere Adressen erhalten Sie unter *www.coworking.de*.

Checkliste: Gesundheit am Arbeitsplatz

Umfeld ist zweitrangig? Stimmt nicht. Nachdem die Journalistin Charlotte Ihre Wohnung neu aufgeteilt und sich einen strikt abgeteilten Büroraum geschaffen hatte, steigerte Sie Ihre Leistungsfähigkeit um 100 Prozent, hatte plötzlich richtig Lust zum Arbeiten. Wenn Sie sich wohlfühlen, ist dies die beste Voraussetzung für Erfolg im Beruf. Sorgen Sie deshalb für ein angenehmes Umfeld – auch wenn Sie von zuhause arbeiten.

- Die Raumtemperatur sollte etwa 22° Celsius betragen

- Luftfeuchtigkeit 40 bis 50 Prozent

- Mehrmals täglich Lüften, um den Kohlendioxidgehalt und somit die Müdigkeitserscheinungen gering zu halten

- Ruhige Arbeitsplatzumgebung fördert die Leistung (Schalldruckpegel von ca. 30 dB ideal, dauerhafter Lärm kann physische und psychische Schäden verursachen)

- Schadstoffarmes Inventar kaufen

- Farben hell und freundlich auswählen (max. 6 Farben außer schwarz und weiß), Vorhänge sollten einfarbig sein

- Arbeitsplatz sollte Sichtverbindung nach außen haben

- Setzen Sie sich nicht zu dicht aneinander: Jeder Bildschirmarbeitsplatz sollte mindesten 8 – 10 qm Fläche aufweisen (!)

- Setzen Sie Düfte ein, die Sie persönlich als angenehm empfinden

nach: Gesundheit im Internet, *www.g-netz.de*

Auf Bürosuche – Adressen, die finden helfen

Regionale Foren
- In den Regionalforen dieses Portals finden sich häufig Angebote und Gesuche von Kollegen, die eine Bürogemeinschaft gründen möchten: *www.journalismus.com*
- Journalisten-Mailinglisten zu unterschiedlichen Themen: *www.jonet.org*
- Mailingliste für Frauen in den neuen Medien, darunter auch Journalistinnen. Regionale Mailinglisten sind ideal für die Büro-suche: *www.webgrrls.de*

Foren für Freiberufler aus anderen Berufsgruppen
- Am virtuellen Schwarzen Brett finden sich bei der Deutschen Public Relations Gesellschaft bisweilen auch Gesuchsanzeigen: *www.dprg.de*
- Hier finden freiberufliche Trainer zusammen, natürlich auch die, die im Journalismus tätig sind: *www.trainer.de*

Büros mieten
- Regus bietet Büros von der Stange. Auf Wunsch können Sie die Sekretärin gleich mit mieten – oder auch ein Teambüro bezie-hen. Regus bietet bundesweit Komplettlösungen für Gründer: *www.regus.de*

- Hier finden Sie Adressen von Co-Working-Offices in fast allen Städten Deutschland. Sie mieten auf Stunden- oder Tagessatz- basis. Auch Konferenzräume gehören dazu, Austausch und Sy- nergien sind ebenfalls sicher: *www.coworking.de*

10.2 Was Sie investieren müssen

Halten Sie Ihre laufenden Kosten – die Büromiete dürfte einen Großteil davon beanspruchen – am Anfang so gering wie möglich. Meist beginnen die Honorare erst nach etwa sechs Monaten zu fließen, und selbst dann oft nicht einmal regelmäßig. Bis zu drei Jahre dauert es, bis Kontinuität ins Geschäft kommt. Für diese lange Durststrecke, die Sie nach dem Start er- wartet, brauchen Sie Rücklagen oder benötigen finanzielle Unterstützung von der Familie. Rechnen Sie sich deshalb genau aus, was Sie im Monat für Miete, Strom, Telefon, Internetanschluss ausgeben müssen und für Ihren eigenen Unterhalt benötigen.

Hinzu kommen die einmaligen Investitionen. 3000 bis 5000 Euros kom- men für die Erstausstattung rasch zusammen: für den Entwurf und den Druck von Briefpapier und Visitenkarten, die Anschaffung eines Compu- ters, für lizenzierte Software, Drucker und Faxgerät. Um diese Ausgaben im Rahmen zu halten sollten Sie, wo immer möglich, auf Presserabatte zurück- greifen, wie Sie Ihnen zahlreiche Hersteller anbieten. Eine Übersicht finden Sie am Ende dieses Kapitels.

10.3 Finanzierungshilfen: Gründungsförderung und Kleinkredite

Seit 2012 ist der Gründungszuschuss nur noch eine Ermessensleistung. Das heißt: Sie können in Phase I sechs Monate Arbeitslosengeld und 300 EUR obendrauf bekommen sowie in Phase II weitere neun Monate nur 300 EUR zur Unterstützung Ihrer Gründung – Sie müssen aber nicht. Dazu brauchen Sie einen Restanspruch von 150 Tagen Arbeitslosengeld I. Aller- dings müssen Sie sich dann auch selbst krankenversichern und allein für die Rente vorsorgen. Bedenken Sie, dass Sie als Journalist in der Regel Mitglied in der Künstlersozialkasse (KSK) werden können, die die Hälfte der Beiträ- ge für Kranken-, Pflege- und Rentenversicherung trägt. Grundlage für die Berechnung ist dabei das gemeldete Jahreseinkommen.

Voraussetzung für die Bewilligung ist die Erstellung eines Konzeptes, dessen Tragfähigkeit von einer Institution wie dem DJV (Deutscher Journalisten Verband) oder eines anderen Verbandes bestätigt werden muss. Die Gründungsförderung muss nicht zurückgezahlt werden und wird auch nicht versteuert.

Sie brauchen einen Kredit? Überlegen Sie, ob Sie Geld für den Start nicht auch selbst beschaffen können – etwa über ein zinsloses Darlehen von Bekannten. Für Journalisten ist es sonst nicht leicht, an Kleinkredite zu kommen. Ihr Finanzbedarf ist in der Regel derart gering, dass die Banken an der Vergabe nichts verdienen. Zudem gelten Freiberufler, und gerade eben Journalisten, oft nicht als kreditwürdig.

Dennoch konnten sich in verschiedenen Städten und Bundesländern Initiativen bilden, die auch kleine Kredite – so genannte Mini- und Mikrokredite – an Existenzgründer, auch aus dem journalistischen Bereich, vermitteln. Die Wirtschaftsbehörde der Stadt Hamburg etwa fördert Kleinstgründer ohne Sicherheiten mit maximal 25.000 Euro, die sie den Selbstständigen zu einem günstigen Zinssatz leiht. Über Initiativen in Ihrer Stadt und Region informieren Sie sich am besten bei Wirtschaftsbehörden, örtlichen Existenzgründerinitiativen, den Industrie- und Handelskammern (IHK) oder auch bei der sozialen GLS Bank (*www.oekobank.de*). Auch die KFW (*www.kfw-mittelstandsbank.de*) vergibt Kredite.

10.4 Beratung und Coaching: Selbstständigkeit können Sie lernen

Wie gestalte ich meine Buchführung? Wie organisiere ich mich richtig? Seminare und Kurse helfen Ihnen, mit Ihrem Unternehmen erfolgreich zu sein. Dabei haben die meisten Städte gemeinsam mit privaten Instituten spezielle Beratungsangebote für Existenzgründer aufgelegt. Zudem gibt es kostenlose Beratungstelefone. Hamburg verteilt Gutscheine im Wert von 500 Euro, mit denen Gründer einen Rabatt auf Seminare und für Coaching erhalten. Auch die journalistischen Berufsverbände sowie Journalisten-Akademien helfen Existenzgründern mit Kursen und Seminaren auf die Sprünge.

Ein persönliches Coaching kann Ihnen helfen, sich über die eigenen Ziele und Stärken klar zu werden. Es eignet sich für alle, die nicht genau wissen, welchen Weg sie einschlagen sollen und Hilfe bei der Entscheidungsfindung, aber auch Begleitung bei der erfolgreichen Akquisition brauchen.

Wenn Sie gründen, sollten Sie unbedingt eine begleitende Beratung in Anspruch nehmen. Die Autorin bietet diese als akkreditierte Unternehmensberaterin der KFW-Bank, zu finden in der KFW-Beraterbörse. Ihr Nutzen: Sie erhalten eine Förderung im Wert von 4.000 EUR für insgesamt 40 Stunden Beratung, wenn Sie aus der Arbeitslosigkeit gründen. Zuzahlen müssen Sie nur 10% davon und die Mehrwertsteuer.

Gründen Sie nicht aus der Arbeitslosigkeit, bleiben Ihnen immerhin 6.000 EUR, die mit 50% bezuschusst werden. Das heißt: Sie bezahlen 50 EUR pro Stunde statt 100 EUR netto. Diese Beratungsförderung nennt sich »KFW Gründercoaching« und findet sich auch auf meiner Website unter *www.karriereundentwicklung.de* beschrieben.

10.5 Adressen: Hier können Sie noch eine Menge lernen

- Die Hamburger Initiative für Gründungen und Innovationen bietet auch ein Forum und die Möglichkeit, Kleinanzeigen zu schalten (Forum, Business-Kontakte wählen): *www.hei-hamburg.de*

- Das Büro der Autorin mit Beratungs- und Coachingangeboten in Hamburg: *www.karriereundentwicklung.de*

- An der Akademie der Bayerischen Presse in München lernen Sie neben dem journalistischen Handwerk z.B. auch Rhetorik: *www.a-b-p.de*

- An der Akademie für Publizistik werden Volontäre ausgebildet, aber auch fertige Journalisten auf die freie Tätigkeit vorbereitet: *www.akademie-fuer-publizistik.de*

- Die Akademie Remscheid bietet als Schwerpunkt Multimedia, Medienpädagogik und Online-Medien: *www.akademieremscheid.de*

- Die Berliner Journalistenschule besitzt ein umfassendes Weiterbildungsprogramm: *www.berliner-journalisten-schule.de*

- Das Bildungswerk des DJV hat auch viele Themen für Selbstständige im Angebot: *www.djv.de/bildung/bildungswerk/index.shtml*

- Hausbusch bietet einige wenige, aber anerkannte Fortbildungen, etwa im Bereich Multimedia: *www.hausbusch.de*

- An der Journalistenakademie in München setzt Leiterin Dr. Gabriele Hooffacker starke Online-Akzente: *www.journalistenakademie.de*

- Die Journalistenschule Ruhr offeriert neben der Aus- und Fortbildung auch Workshops zur Konfliktbewältigung und Kommunikationstraining: *www.journalistenschule-ruhr.de*

- »Die Journalisten« ist ein etabliertes Journalistenbüro, das auch eigene Seminare anbietet: *www.die-journalisten.de*

- An der Mitteldeutschen Akademie gibt es Seminare für Journalisten, zum Beispiel zum Thema Informationsmanagement: *www.wissen-reden.de*

- Bei der Firmenhilfe erhalten Selbstständige Beratung in der finanziellen Krise: *www.firmenhilfe.org*

- Coaching-Angebote für freie Journalisten findet man hier: *www.coaching-index.de* (Übersicht über Coaching-Angebote) *www.dvct.de* (Coach-Verzeichnis) *www.karriereundentwicklung.de* (Seite der Autorin) *www.kfw.de* (Gründercoaching mit Beraterdatenbank)

10.6 Ihre Erstausstattung

Nur die wirklich großen Schreiber brauchen außer einem Blatt Papier nichts weiter für Ihren Erfolg. Das Gros muss auch sonst einiges bieten, um wettbewerbsfähig zu sein – beispielsweise technisch mithalten. Wenn es heißt »faxen Sie mal« empfiehlt es sich nicht, dafür erst mal zum Nachbarn zu laufen. E-Mails sollten Sie rund um die Uhr senden und empfangen sowie Dateien mit den gängigen Programmen öffnen können.

Je professioneller Sie ausgestattet sind, desto professioneller und effektiver können Sie dadurch auch handeln. Mit einem »Büro« (und sei es nur virtuell) werden Sie von Ihren Auftraggebern auch eher als Geschäftspartner ernst genommen.

Zweifellos gibt es Unterschiede von Sparte zu Sparte und Ressort zu Ressort. Und ein Feuilletonist braucht weniger Excel als eine gute Schreibe – er kann sich den Laptop zur Not auch leihen.

Doch in den meisten Fällen ist die Büroausstattung wie die Erstausstattung eines Babys: Sie brauchen sie einfach, weil sie praktisch ist und das Arbeitsleben erleichtert.

10.7   Ihr Software-Startup

Einen kompletten PC können Sie heute für wenig Geld bei Aldi oder auch gebraucht in Online-Auktionshäusern wie Ebay erwerben. Mehr noch als Hardware benötigen Sie aber eine optimale Software-Ausstattung. Und diese ist auf einem Aldi-PC in der Regel nicht vorinstalliert. Allenfalls das Betriebssystem Windows, die Textverarbeitung Microsoft Word oder das Paket »Works« finden sich auf einem solchen preiswerten Fertig-PC. Sie müssen sich also in der Regel neue Software anschaffen, um optimal arbeiten zu können.

Dazu folgende Tipps: Kaufen Sie Software nicht in der jeweils aktuellsten Version, zumal die meisten Newcomer oft noch sehr lange mit älteren Generationen zusammenarbeiten. Neue Versionen sind zwar meist abwärtskompatibel, das heißt mit ihnen erstellte Dokumente lassen sich auch auf »niedrigeren« Versionen anzeigen und ablaufen, jedoch gibt es in neuen Programmen oft Funktionen und Möglichkeiten, die ältere Versionen nicht bieten. Redaktionen, in der Regel mit knappem EDV-Budget ausgestattet, besitzen häufig ältere Software-Versionen und könnten Probleme mit Ihren Dateien bekommen.

Es muss also nicht immer das Neueste vom Neuen sein. Ganz nebenbei sparen Sie auch Kosten, wenn Sie nicht immer in die aktuellste Version einer Software investieren.

Diese Software brauchen Sie

Windows als Betriebssystem
Eine aktuelle Version von Microsoft Windows befindet sich meist von vornherein auf Ihrem Rechner. Diese beinhaltet einige kleine, nützliche Programme: Paint zur einfachen Bildbearbeitung oder einen Taschenrechner.

Word als Textverarbeitung
Mit Microsoft Word können Sie Briefe, Artikel, aber auch ganze Bücher schreiben, da das Programm nicht nur über Text- sondern auch über komfortable Layout- und Gliederungsfunktionen verfügt.

Excel als Tabellenkalkulation
Mit Word können Sie Tabellen erstellen und einfache Berechnungen durchführen, doch für komplexe Tabellen-Übersichten und die Arbeit mit Formeln – notwendig etwa zur Buchführung – ist Excel das Programm der Wahl. Rechnungen können Sie aus einer Excel-Tabelle – etwa einer Honorarübersicht – automatisch generieren. Einige Redaktionen arbeiten zudem mit Excel, um Tabellen für Testberichte zu layouten. Meist ist hier jedoch QuarkXPress das Programm der Wahl.

Das Microsoft-Office-Paket
Wenn Sie Word und Excel brauchen, könnte sich die Investition in das Office-Paket von Microsoft erst recht lohnen. Dieses beinhaltet in der Profi-Version z.B. auch die Datenbank Access sowie das Präsentationsprogramm Powerpoint (ab zirka 300 Euro). Wenn Sie sehr viele Kunden haben, empfiehlt sich die Arbeit Access.

Lexware oder eine kaufmännische Software
Buchhaltung, Kundendaten, Rechnungen schreiben – mit Lexware gelingt alles in einem. Eine solche Software ist im Bereich der Kundendatenverwaltung eine sehr viel einfacher zu bedienende Alternative zum programmieraufwändigen Access.

Adobe Acrobat mit dem Distiller
Dieses Programm ermöglicht es Ihnen, Zeitungsausschnitte – auch Ihre Artikel – in so genannte PDF-Dateien umzuwandeln. PDF ist ein auch in den Redaktionen sehr verbreitetes Format, das zudem übergreifend auf dem PC und dem Macintosh verwendet werden kann. Viele Redaktionen erwar-

95

ten, dass Sie Dateien auch als PDF schicken können. Das Programm kostet rund 300 Euro.

Internet Explorer oder Mozilla Firefox
Den Internet Explorer nutzen Sie als Browser für das World Wide Web. Das Programm blättert durch die Seiten des Webs. Sie können es kostenlos unter *www.microsoft.com* herunterladen, falls es sich noch nicht auf Ihrem PC befindet. Eine ebenfalls kostenlose Alternative bietet der Mozilla Firefox: *www.firefox-browser.de.*

Outlook für Ihre E-Mail, Adress- und Terminverwaltung
Outlook ist Bestandteil des Office-Pakets und hilft Ihnen neben dem E-Mail-Versand noch bei zahlreichen weiteren Aufgaben. Im Netzwerk eingesetzt, können Sie damit auch Termine mit Kollegen koordinieren, zudem Einladungen für Besprechungen senden, die sich automatisch in den Terminkalender des Eingeladenen eintragen. Outlook »kommuniziert« auch mit Handheld Computern und PDAs. Daten, die Sie unterwegs eingeben, können Sie mit Hilfe eines speziellen Kabels oder über eine Infrarotschnittstelle auf den PC zuhause überspielen und auf diese Weise aktualisieren. Bitte nutzen Sie für den professionellen E-Mail-Verkehr keine Webmails, die Sie direkt von Web.de oder Gmx.de schicken, denn diesen hängt immer peinliche Werbung an...

... oder Outlook Express
Outlook Express ist die kleine Version vom großen Outlook und außerdem als Bestandteil des Internet Explorers kostenlos erhältlich. Für die Abwicklung Ihres E-Mail-Verkehrs reicht dieses Programm voll und ganz, zudem verfügt es über eine einfach und leicht zu bedienende Adressverwaltung. Termine lassen sich damit allerdings nicht elektronisch in den Griff bekommen, weswegen Outlook immer besser ist.

Norton Antivirus oder anderes Virenschutzprogramm
Mit Viren aus dem Internet oder E-Mails können Sie sich schnell infizieren. Auch Word-Dokumente enthalten oft so genannte Makro-Viren. Schützen Sie sich selbst und andere vor solchen Schädlingen, die ganze Computersysteme lahm legen können. Als Journalist, der unwissentlich Mails mit Viren verschickt – was leicht passieren kann – machen Sie sich schnell das Geschäft kaputt (zirka 42 Euro).

Diese Programme können Sie vielleicht gebrauchen

Powerpoint als Präsentations-Grafikprogramm

Mit Powerpoint können Sie Bildschirmpräsentationen und Folien für den Overheadprojektor erstellen. Der Einsatz dieses Programms ist dann sinnvoll (und oft auch nötig), wenn Sie sich auch bei PR-Agenturen oder in der Werbung vorstellen – kurzum ein »Produkt« (auch sich selbst) verkaufen möchten oder müssen (rund 420 Euro oder als Bestandteil des MS-Office-Paketes nutzen). Apple-Fans nutzen übrigens sehr viel lieber das Apple-eigene Programm.

Adobe Photoshop oder Bildbearbeitungsprogramm

Ein Bildbearbeitungsprogramm benötigen Sie, um beispielsweise eingescannte Fotos und Bilder zu bearbeiten. Einfache Bildbearbeitungsprogramme werden mit dem Scanner oft mitgeliefert – doch die Funktionen sind beschränkt. Nicht leicht zu lernen, aber für Profis die Software der Wahl: Adobe Photoshop (zirka 1200 Euro).

Diese Programme sollten Sie als Journalist kennen

Indesign

Ein Layout-Programm, das viel von Werbe- und PR-Agenturen genutzt wird und sowohl auf dem Macintosh als auch auf dem PC verwendet wird.

Macromedia Director

Wenn Sie als Multimedia-Autor tätig sind oder tätig werden wollen, werden Sie vermutlich mit Director zu tun haben. Dieses Programm ermöglicht es Ihnen, interaktiven Content für CDs, DVDs und Websites zu erstellen.

Macromedia Dreamweaver

Dreamweaver ist ein so genannter grafischer Website-Editor, mit dem Sie Ihre eigene Internet-Präsenz professionell gestalten können. Im Vergleich zu Konkurrenzprodukten wie Microsoft Frontpage (gehört zum umfangreichen Office-Paket für Developer) gilt es als Profi-Programm.

Macromedia Flash

Flash hat das Internet bewegt – im wahren Sinn des Wortes. Mit diesem Programm erstellen Sie Animationen fürs Internet oder für CD-

Produktionen. Interessant für alle Journalisten, die medienübergreifend tätig sind – oder ihre eigene Website gestalten möchten.

QuarkXPress

Alles Quark: Zum Beispiel die Tatsache, dass Excel- und Quark-Dokumente kaum miteinander kompatibel sind. Doch bei seiner Einführung 1987 revolutionierte Quark die Publishing-Welt und ist seitdem als deren liebstes Werkzeug nicht vom PC-und Macintosh-Markt wegzudenken. Die meisten Magazin-Redaktionen arbeiten mit Quark und wahrscheinlich werden Sie manchmal gefragt werden, ob Sie Dokumente auch in Quark anliefern können. Doch nur um diese Frage mit »Ja« beantworten zu können, lohnt sich die Anschaffung nicht: Ab 1900 Euro kostet das Programm, das heute immer seltener benutzt wird, da Indesign sich durchgesetzt hat. (*euro.quark.com/de/*)

Rabatte satt

Hier erfahren Sie, welche Hersteller und Händler Rabatte auf Computer-Hardware und -Software geben:

- *www.pressekonditionen.de*
- *www.journalistenrabatte.de*
- *www.journalismus.com* (Newsletter)

Rabatte – nicht nur für Journalisten:

- *www.kostenlos.de*
- *www.geizkragen.de*
- *www.kostnixx.de*

11 Viel mehr als eine Online-Visitenkarte: Die eigene Internetpräsenz

»Wie lautet denn Ihre Internetadresse?« »Meine Webadresse? Die lautet *www.vorname-nachname.de.* Da finden Sie auch Arbeitsproben.« Eine eigene Präsenz im Internet erleichtert den schnellen Informationsaustausch. Sie sparen Kosten für teure Kopien und den Postversand. Und Ihr Kommunikationspartner spart ebenfalls Zeit: Er braucht nur einmal auf den Link klicken, den Sie ihm beispielsweise per E-Mail gesendet haben.

Information zur Person und zum eigenen Dienstleistungsangebot offerieren, ein paar Arbeitsproben ins Netz stellen – das machen viele Journalisten. Allerdings nicht immer im Sinne einer effektiven Selbstvermarktung. Oftmals werden Seiten ins Netz gestellt, die gar nicht richtig funktionieren. Da werden beispielsweise Bilder nicht richtig angezeigt. Da befördert der Klick auf einen Button einen »toten Link«, also eine leere Seite mit einer Fehlermeldung hervor.

Erste Regel für einen erfolgreichen Internetauftritt lautet deshalb: Eine Website muss hundertprozentig funktionieren. Das betrifft nicht nur Links und Bilder. Die Ansicht der Seite muss auf verschiedenen Computersystemen und unter unterschiedlichen Bildschirmauflösungen getestet worden sowie mit unterschiedlichen Browsern (Internetprogrammen), auch jenen älterer Generationen kompatibel sein. Nur eine funktionstüchtige Seite verschafft Ihnen die Imagewerbung, die Sie sich wünschen. Vor der Veröffentlichung der Seite im Internet ist also ein ausführlicher Test unumgänglich.

Testen Sie auch, wie Ihre Seite inhaltlich ankommt, etwa bei Kollegen. Sehr häufig sind Journalisten-Präsenzen Parkplätze für Arbeitsproben, ein eigenes Profil lässt sich schlecht erkennen. Aussagen über den eigenen Arbeitsschwerpunkt, die individuelle Herangehensweise an Themen, spezielle Kenntnisse und Erfahrungen sowie eine Übersicht über das Leistungsspektrum gehören indes zur Mindestausstattung einer Webpräsenz. Achten Sie darauf, dass keine Widersprüche auftreten und bieten Sie nicht zu viel auf einer Seite an. Es wirkt unprofessionell, wenn Sie vom EDV-Service bis zum Text alles machen. Dann lieber verschiedene Seiten für unterschiedliche Themen veröffentlichen!

Läuft die Seite fehlerfrei, bietet sie zahlreiche Möglichkeiten der Selbstdarstellung, der konkreten Auftragsgewinnung und »Absatzförderung«. So können Sie zum Beispiel gezielt weitere Dienstleistungen aus dem Umfeld des Journalismus – beispielsweise PR oder Seminare – anbieten und sich auf diese Weise ein zweites Standbein aufbauen. Sie können einen eigenen, passwortgeschützten Bereich aufbauen, indem Sie Fotos und Texte zum Download anbieten. Oder Themenvorschläge, Exposés, exklusive Interviews...

Wenn Sie kreativ und mutig sind, gefällt Ihnen vielleicht die Idee, durch spektakuläre Online-Aktionen auf sich aufmerksam zu machen und das Interesse der Medien auf die eigene Website zu lenken. Sie können sich selbst dabei völlig zurücknehmen und nur den Inhalt Ihrer Seite in den Mittelpunkt stellen. Dieser kann lustig, informativ, witzig oder auch bewusst »trashig« – das heißt oft auch: mit Kultpotential versehen – sein. Einen regen Besucherzustrom garantieren zudem Menschen (»people«) und deren (kuriose) Geschichten. Vermutlich sind nur wenige potenzielle Auftraggeber unter Ihren Seitenbesuchern, wenn Sie sich an eine breite Öffentlichkeit richten. Aber manchmal kann es strategisch sinnvoll sein, sich überhaupt erst ins Gespräch zu bringen.

Grundsätzlich sollten Sie Ihre Strategie zuerst festlegen: Was wollen Sie im Internet erreichen, um Ihrem »großen Ziel« näher zu kommen? Welche Art von Website könnte Ihnen behilflich sein, Ihre Zielgruppe anzusprechen?

Möchten Sie sich mit einem Non-Profit-Projekt einen Namen machen und auf diesem Weg auch Anerkennung unter Kollegen verschaffen? Dies kann eine Sammelaktion für einen guten Zweck sein, eine Seite mit exzellent kommentierten Linktipps zu einem möglichst speziellen Themenbereich oder eine Website, die ein bestimmtes Thema aufbereitet. Vielleicht bieten Sie ein Film– oder Musik-, ein Star- oder Internetlexikon an. Wichtig ist erst einmal nur, dass Ihr Angebot stets besser ist als das, was das Web sonst und bisher zu bieten hatte. Eine Wettbewerbsanalyse gehört also zur Vorarbeit. Was bieten andere? Was machen sie gut, was schlecht? Und: Was fehlt, wo ist die Marktlücke?

Solches Engagement in eine »Projektseite« – die Sie in der Regel zusätzlich zur Imagepräsenz ausarbeiten und nicht anstatt – zahlt sich erst einmal nicht aus. Vielleicht erreichen Sie sogar nie Ihren ROI, den »Return on Investment« (auch, wenn Sie nur Zeit investieren, so kostet Sie das ja letztendlich auch Geld). Ihr Engagement sorgt in erster Linie für Popularität. Popularität, die Ihnen auf Umwegen auch neue Auftraggeber verschaffen könnte. Die dazu beitragen kann, dass Sie ein attraktiverer Mitarbeiter für Redaktionen werden. Schließlich sind Sie der Soundso... Und der ist ja der Urheber von diesem genialen Portal.

Sie wollen diesen zusätzlichen Aufwand lieber nicht betreiben, sondern möglichst schnell und auf direktem Weg neue Auftraggeber ansprechen? Dann empfiehlt es sich, sich voll und ganz auf den Aufbau einer reinen Imagepräsenz zu konzentrieren.

Auch hier steht eine Wettbewerbsanalyse am Anfang, die noch vor der Konzeption erfolgen sollte. Im zweiten Schritt sollten Sie sich fragen, was künftige Auftraggeber von Ihnen wissen wollen. Welche Art von Service können Sie bieten, um vorhandene Auftraggeber zu binden (beispielsweise einen Newsletter zu aktuellen Entwicklungen in Ihrem Themengebiet).

Erstellen Sie dann einen Strategieplan, in dem Sie genau festlegen, was Sie auf Ihrer Website an Information und Service anbieten und mit welchem individuellen Marketingziel.

11.1 Strategieplan für den Aufbau Ihrer Internetpräsenz

Welchen Zweck soll Ihre Seite im Internet haben? Erster Schritt: Fragen Sie sich, ob Sie einen Blog oder eine Imagepräsenz wollen – oder beides. Blogs bieten sich für Fachjournalisten an, Imagepräsenzen für Journalisten mit einem konkreten Angebot für Unternehmen.

Fragen Sie sich, was Sie zeigen und vorstellen möchten:
- Ihre Arbeit?
- Arbeitsproben?
- Stimmproben?
- Videos?
- Ihr Dienstleistungsangebot?
- Ihre Person? Mit Fotos?
- Ihre Profil oder einen Lebenslauf?
- Einige ausgewählte Auftraggeber (Referenzen)? Nach welchen Kriterien möchten Sie diese auswählen?
- Alle Auftraggeber?
- Ihre Mitarbeiter / Ihr Netzwerk?
- Ihre persönlichen Vorlieben?

- Ihr Fachgebiet?

Wen möchten Sie mit der Darstellung ansprechen? Es ist eine Frage der eigenen Schwerpunktsetzung, auf welche Art und Weise Sie Ihre Arbeit darstellen und welchen Ausschnitt vom Gesamtbild Sie beleuchten und ins Netz stellen. Denken Sie an Ihren USP und Ihr Mission Statement. Wie sollten sich Verkaufsargumente und berufliche Ziele auf Ihrer Seite widerspiegeln? Was sollten Sie sagen – und was nicht?

Ob Sie Arbeitsproben anbieten oder nicht, auch das ist eine strategische Frage, die Sie individuell für sich beantworten sollten. Folgende Fragen sollten bei der Beantwortung helfen:

- Wie viel möchten Sie von sich zeigen – und vor allem, was?
- Haben Sie Arbeitsproben, die das unterstreichen und belegen, was Ihren USP ausmacht?
- Welche Auswahl möchten Sie treffen? Bieten Sie Vielfalt und von jedem etwas oder fokussieren Sie sich auf eine bestimmte Art von Arbeit, beispielsweise auf Reportagen?
- Können Sie eine regelmäßige Aktualisierung gewährleisten? Es wirkt unprofessionell, wenn der letzte eingestellte oder genannte Artikel schon ein Jahr alt ist.

Argumente, die für eine Veröffentlichung von Arbeitsproben sprechen:

- Sie brauchen Ihren neu akquirierten, möglicherweise künftigen Auftraggebern keine aufwändigen Mappen zusenden. Der Verweis auf das Internet dürfte in den meisten Fällen genügen.
- Sie zeigen, was Sie schon (alles) gemacht haben, wie gut Sie sind oder/und für welche Zeitungen und Magazine Sie bereits geschrieben haben.

Argumente, die gegen eine Veröffentlichung von Arbeitsproben sprechen:

- Rechtliche Probleme: Sie können keine PDFs einstellen, auf denen Fotos sind. Besser: Rohtext als Word oder Links.
- Sie könnten Auftraggeber geradezu mit der Nase darauf stoßen, dass Sie z.B. für verschiedene Zeitschriften im gleichen Segment tätig sind. Dies wird nicht überall gerne gesehen. Auch mögliche neue Auftraggeber könnten sich an einem »Hanswurst in allen Gassen« stoßen.
- Wenn Sie eine Auswahl treffen – und das müssen Sie –, so sollten Sie damit eine möglichst breite Zielgruppe ansprechen. Mitunter ist es klü-

ger, Interessenten nur jene Beiträge zuzusenden, die von Stil und Inhalt her zu dem entsprechenden Medium passen.

- Wenn Sie keine Arbeitsproben ins Netz stellen, lassen Sie Raum für Geheimnisse. Das passt, wenn Sie bewusst ein vages Image von sich entstehen und Raum für Interpretationen lassen wollen. Schreibt der auch für...? Ist das nicht...? Solche Vermutungen und die Forcierung derselben können durchaus geschäftsfördernd sein.

Wenn Sie Ihr Dienstleistungsangebot beschreiben, gilt es, das Für und Wider bestimmter Argumente abzuwägen. Möchten Sie interdisziplinär tätig sein, also z.B. sowohl PR betreiben als auch im Journalismus tätig sein? Ob es klug ist, die Zweigleisigkeit auf der Website zu betonen, hängt davon ab, welche Art von Journalismus Sie betreiben. Wenn Sie als Wirtschaftsjournalist tätig sind, können Sie es sich nicht leisten, gleichzeitig PR für die Firmen zu betreiben, über die Sie sonst auf den Unternehmensseiten schreiben. Selbst wenn Sie in der Praxis die Aufgabenbereiche säuberlich trennen können – eine solche Kombination kann, nach außen getragen, Misstrauen wecken. Andererseits dürfte solche Offenheit auch vertrauensvoller wirken als (aufgedeckte) Verschleierungstaktik. Letztendlich bleibt es so eine Frage der individuellen Herangehensweise und Umsetzung, wie offensiv Sie mit einer beruflichen Zweigleisigkeit umgehen und wie Sie diese verkaufen.

Meist ist es sinnvoller, ein Fachgebiet oder eine bestimmte Kompetenz zu betonen. Wenn Auftraggeber über das Internet Journalisten suchen, so interessieren Sie sich in der Regel für Experten. Daraus ergibt sich, dass Sie leicht über Ihre Kompetenz- und Fachgebiete zu finden sein sollten. Die Botschaft, wer Sie sind und was Sie können, sollte zudem möglichst schon zentral auf der Homepage, der ersten Seite Ihrer Internetpräsenz also, angebracht sein. Dies gilt natürlich auch, wenn Sie sich als Allrounder verstehen. Grundsätzlich sollten Besucher Ihrer Website nicht lange suchen müssen, sondern die wichtigen Informationen über Ihr Angebot sofort auffinden können.

11.2 Die Wahl der passenden Domainadresse

Clever diejenigen, die sich wie der Bonner Journalist Peter Diesler, Chef von *Journalismus.com*, frühzeitig »sprechende« Domainnamen reserviert haben. Mit einem der größten Serviceangebote für Journalisten hat er nicht nur ein viel besuchtes Portal für Journalisten installiert, sondern auch für eigene Popularität gesorgt und sich dadurch auch neue Einnahmequellen, etwa im

Bereich PR, erschlossen. Wer jetzt eine Domain anmeldet, hat nur noch eine begrenzte Auswahl – aber immer noch sehr viele Möglichkeiten der Namensgebung.

Ihre Domainadresse sollte leicht zu merken sein und mit Ihrem »Unternehmen« zu tun haben. »Einzelkämpfern« empfiehlt sich die Registrierung unter dem eigenen Namen, wobei es inzwischen weniger verbreitet ist, einen Bindestrich zwischen Vor- und Nachnamen zu setzen. Es kann auch schick wirken – und Teil Ihrer Corporate Identity werden – Vor- und Nachname zusammenzuschreiben (*www.heidiklum.de*).

Damit Kunden, die im Internet nach Ihrem Namen suchen, Sie auf jeden Fall finden, empfiehlt es sich, ein paar zusätzliche Cent in die zweite mögliche Schreibweise zu investieren, also *www.heidi-klum.de* und *www.heidiklum.de* zu reservieren. Eine der beiden Domains ist dann leer und zeigt nach der Anwahl automatisch auf die andere. Im Adressfeld des Browsers wird, auch wenn die zweite Adresse eingetippt wird, die »erste Anschrift« angezeigt. Diese Adresse verwenden Sie dann auch als E-Mail-Adresse.

Sind Sie als Redaktions- oder Journalistenbüro organisiert, bietet es sich an, den Namen Ihres Büros zu registrieren. Unter Umständen macht es Sinn, zusätzlich Webadressen für die einzelnen Journalisten anzumelden, die auf die Hauptdomain verweisen. Die Chance, dass die Seite gefunden wird, vergrößert sich mit der Zahl der Domains und im Internet ansässigen Namen.

Dabei ist es allerdings eine Frage Ihrer Strategie, ob Sie die Namen jedes Einzelnen oder des Redaktionsbüros insgesamt betonen möchten – oder aber eine Doppelstrategie fahren. Ein Beispiel für ein Redaktionsbüro, das von seinem Namen lebt, ist SRT in Wolfratshausen. Das auf Touristik spezialisierte Büro findet sich unter der Domainadresse *www.srt-redaktion.de* und unter *www.srt-bild.de*. Diese verteilte Lösung ist nicht ideal, da die Domainadressen nur für Eingeweihte zu finden sind. Sie würden nur dann Sinn machen, wenn die Erstadresse *www.srt.de* lauten würde. Die Adresse *www.srt.de* ist aber von der Schule für Rundfunk in Nürnberg besetzt. SRT hat sich schon in grauen Internet-Vorzeiten einen Namen gemacht.

Für Journalisten, die in der Aufbauarbeit stecken und sich ihren Ruf mit Hilfe des Internets aufbauen wollen, ist es jedoch wichtig, von Anfang an eine nachvollziehbare Domainstrategie zu verfolgen. Das betrifft alle Seiten, auch die, die vielleicht später hinzukommen. Möchten Sie mehrere Adressen für unterschiedliche Themen anmelden, kann es beispielsweise sinnvoll sein, immer mit demselben Wortbestandteil zu arbeiten:

Beispiel:
www.worblitz-presse.de
www.wortblitz-beratung.de

Interessant ist auch eine ähnliche Domainnamenstruktur wie Sie sich in Seiten wie *www.ich-rede.de* oder *www.ich-schreibe.de* präsentiert.

Planen Sie eine Service-Seite zu installieren, um auf diese Weise Zulauf zu bekommen und sich möglicherweise die Basis für spätere Einnahmequellen zu schaffen, empfiehlt es sich, mit konkreten Begriffen zu arbeiten. Ein gutes Beispiel für eine gelungene »Projektseite« liefert beispielsweise der Kommunikationsdesigner und Autor Stefan Karzaunikat mit seiner »Suchfibel«, die sich unter *www.suchfibel.de* findet, mittlerweile aber auch als Buch im Klett-Verlag erhältlich ist.

Ein guter Domainname allein macht natürlich noch keinen Erfolg. Welche Domainadressen aktuell noch zu haben sind, erfahren Sie bei der *Denic* (*www.denic.de*), der Zentralen Registrierungsstelle für deutsche Domainadressen in der Datenbank »Whois«. Interessieren Sie sich für .com-Adressen, nutzen Sie das internationale Pendant *Internic* unter *www.internic.com*. Domainadressen sollten Sie indes nicht direkt bei den Registrierungsstellen bestellen. Webspace-Provider – also die Anbieter von Platz für die Homepage – bieten sehr viel günstigere Konditionen und eine komfortable Website mit Domain oft für nur wenige Euros im Monat ab (z.B. *www.domainfactory.de* oder *www.webhostone.de*).

Domainadresse als Basisstation für Ihre E-Mail

Immer noch sehe ich Visitenkarten, auf denen eine Website angekündigt ist, zu der die E-Mail-Adresse überhaupt nicht passt. Wenn ich die Domain *www.karriereundentwicklung.de* betreibe, dazu aber *svenja.hofert@web.de* als E-Mail veröffentliche, so harmoniert dies nicht. Durch die Nennung der Domainadresse auch in der E-Mail-Adresse erhöhe ich letztendlich auch die Merkfähigkeit meiner Webadresse.

Gestalten Sie den Teil vor dem Klammeraffen @ einfach und merkfähig, indem Sie z.B. nur Ihren Nachnamen verwenden, ein Kürzel aus Vor- und Nachnamen oder ein »info«.

Fragen und Antworten zur Domainanmeldung

Was muss ich tun, um eine Domain zu reservieren?

Überprüfen Sie bei der zentralen Registrierungsstelle Denic (*www.denic.de*) in der Datenbank WHOIS, ob Ihre Wunschdomain noch frei ist. Meist haben Sie auch auf den Websites von Providern die Möglichkeit zu checken, ob der gewünschte Name noch zu haben ist. Dort können Sie auch überprüfen, ob eventuell die Variante als .com, .net oder .eu noch frei ist. Alle anderen Domainendungen sind nicht empfehlenswert, weil sie sich am Markt nicht etablieren konnten. Bei dieser Gelegenheit können Sie auch gleich Ihre Domain bestellen.

Auf welchen Namen muss eine Domain eingetragen werden?

Bei der Denic werden Sie mit Ihrer Domain registriert. Ihr Provider sollte Sie als Besitzer und »administrativen Ansprechpartner« eintragen, sich selbst als »technischen Ansprechpartner«. Provider, die sich in beide Kategorien setzen, sind unseriös. Bei einer eventuellen Übertragung Ihrer Domain zu einem anderen Provider könnten Sie in diesem Fall Probleme bekommen, da nicht ersichtlich wird, dass Sie der Domain-Besitzer sind.

Kann ich mehrere Domains reservieren?

Meist obliegt es Ihnen, bei einem Provider eine Hauptdomain inklusive Webspace anzumelden und zusätzliche Domainadressen zu ordern, die auf diese Hauptdomain umgeleitet werden. Das bedeutet: Sobald jemand eine der Nebenadressen eingibt, springt die Seitenanzeige um auf die Adresse Ihrer Hauptseite. Diese Neben-Domains kosten nur ein paar Cents im Monat.

Kann ich Domains betreiben, die nicht bei meinem Webspace-Provider liegen?

Wenn diese leer oder mit eigenem Webspace versehen sind: ja. Sollen die anderen (leeren) Domains jedoch auf Ihre eigentliche Internetpräsenz zeigen, so sollten diese vom gleichen Webprovider betreut werden.

Ich habe bereits eine Domain und eine Website, möchte aber eine neue Adresse anmelden. Welche Schritte muss ich einleiten?

Besprechen Sie die Schritte mit Ihrem Webspace-Provider. Dieser kann den Inhalt Ihrer alten Website in die neue Domain verschieben. Das dauert in der Regel nur ein paar Tage. Wenn Ihre Seite bereits bekannt und in den Suchmaschinen verzeichnet war, sollten Sie die Adresse jedoch beibehalten

(Kosten mit dem Provider aushandeln) und auf Ihre neue Domain umleiten. Auch die E-Mail-Adressen Ihrer alten Domain bleiben Ihnen so erhalten. Mails kommen somit weiterhin an – auch wenn Sie künftig aus Marketing-gründen die Adresse Ihrer neuen Domain für E-Mails nutzen möchten.

Webprovider

Hier erhalten Sie eine Liste günstiger Anbieter von Platz im Internet (Webspace) und Domains.

- *www.1und1.de*
- *www.domainfactory.de*
- *www.webhostone.de*

Checkliste: So finden Sie die richtige Webagentur

- Schauen Sie sich Arbeitsproben an. Sind diese auf die Bedürfnisse des Auftraggebers zugeschnitten oder im Einheitsstil gehalten?

- Rufen Sie einen der Referenzgeber an (informieren Sie den potenziellen Auftragnehmer darüber). Es ist leicht, Referenzen zu nennen. Doch wie fruchtbar war die Zusammenarbeit wirklich?

- Eine erste Beratung sollte grundsätzlich kostenlos sein. Wie intensiv geht man auf Ihre Wünsche und Zielsetzungen ein? Sind die Ideen realistisch und praktikabel?

- Sie können sparen, wenn Sie einen Fullservice-Dienstleister engagieren, der auch das Design Ihrer Geschäftsausstattung übernehmen kann.

- Prüfen Sie die Suchmaschinenkompetenz. Ein Designer sollte nicht nur auf Schönheit Acht geben, sondern auch die Tauglichkeit in Bezug auf die Suchmaschinen im Blick halten. So sollten Sie unter relevanten Suchbegriffen findbar sein.

- Social Media-Integration gehört inzwischen selbstverständlich dazu. Das bedeutet, dass Ihr Designer berücksichtigen muss, ob und wie er Google+, Facebook und Co. einbindet.

- Wem gehört die Website nach der Erstellung? Können Sie die Entwürfe haben und sind Sie befugt, diese selbst zu ändern? Auf welchem Server soll sie laufen, wer ist der Provider? All diese Dinge müssen vertraglich geklärt sein. Hier sollte auch festgehalten sein, wie viele Korrekturen inklusive sind und was eine Nachbearbeitung in der Stunde kostet.

11.3   ABC für ansprechende Websites

Gisa, Journalistin, die sich mit ihrer Website um fest-freie Mitarbeit bewarb, machte eine frustrierende Erfahrung. »Ich war so überzeugt von der Optik, aber die Seite kam offensichtlich überhaupt nicht an.« Trotz erster Erfolge versprechender Telefonate erreichte Gisa mit ihrer bunten, durch grafische Animationen dominierten Seite das Gegenteil dessen, was sie erreichen wollte. Ihre Internetseiten nivellierten den positiven, professionellen Eindruck, den sie am Telefon gemacht hatte.

Inzwischen hat die Telekommunikationsspezialistin ihre Seiten umgestaltet. »Offensichtlich kommt die neue Website viel besser an«, berichtet sie. Dabei empfindet sie ihre Seiten jetzt selbst als eher langweilig.

Aussehen ist nicht alles. Doch es kann für den ersten Eindruck entscheidend sein. Sie können mit einer Website mehr aus sich machen – oder eben auch sehr viel weniger. Sie können einen (guten) Eindruck verstärken. Oder auch in einen schlechten Eindruck umwandeln.

Vor diesem Hintergrund ist die Selbstgestaltung der Internetpräsenz mit vielerlei Tücken behaftet. Es ist einfach, mit der Hilfe eines Grafik-Editors eine Website zu gestalten – doch ob diese dann den gängigen Internet-Standards entspricht und wirklich das signalisiert, was sie soll, ist eine ganz andere Frage. Schon für die Beurteilung von Websites, die ein Designer – oder auch ein Hobby-Webdesigner aus dem Bekanntenkreis – gestaltet hat, bedarf es einiger Grundkenntnisse in Sachen Webgestaltung. Was als »schön« empfunden wird, ist nicht notwendigerweise auch benutzerfreundlich.

Wie Farben auf der Website wirken

Kontrast oder Harmonie? Weichheit und Wärme oder Kühle und Distanz? Mit Farben können Sie eine Menge über sich aussagen. Entscheidend ist es also, dass Ihre Farben zu Ihnen passen. Und die von Ihnen gewählten Farbkombinationen.

Eine Möglichkeit, farbliche Harmonie zu erzeugen, liegt darin, die gleiche Farbe in hellen und dunklen Nuancen einzusetzen. Auch gleiche Farben in unterschiedlicher Reinheit und Trübung, werden oft als zueinander passend empfunden. Komplementäre Farben dagegen, also Farben, die sich im Farbkreis gegenüber liegen (Rot und Grün, Gelb und Lila, Orange und Blau) erzeugen ein kontrastreiches Farbbild, ebenso die Verwendung der Grundfarben.

Wichtig zu wissen ist auch, dass sich einige Farben sichtbarer als andere in den Vordergrund drängen und deshalb auch näher wirken. Ein Beispiel dafür ist die Signal-Farbe Rot. Eine oft gehörte Empfehlung ist es, warme und kalte Farben nicht zusammen zu verwenden. Als »warm« gelten die Töne der Gelb-Orange-Rot Palette. Diese Farben werden häufig verwendet, wenn Gefühle ausgedrückt werden, sie haben eine anregende Wirkung. »Kalt« dagegen sind Blau-Grün-Töne. Farben aus dieser Farbpalette erinnern an die Natur (Himmel-Wald), sie wirken beruhigend – aber auch schlicht. Weiß-Grau-Schwarz dagegen erzeugt ebenfalls eine sachliche und kühle Atmosphäre, wirkt professionell, aber distanziert und oft auch etwas langweilig. Mein Favorit ist inzwischen Grün in allen Tönen: anders als Blau, Grau und Orange selten genutzt und deshalb aufmerksamkeitsstark.

Optische Akzente setzen

Software-Ergonomiker haben herausgefunden, dass farbige Hervorhebungen ideal sind, um eine schnelle Orientierung in Texten auf Websites zu ermöglichen. Auch Fettdruck eignet sich zur Markierung von Informationen. Kursive Schrift ist dagegen ungünstig und lenkt eher ab, als die Wahrnehmung zu fördern. Unterstreichungen verbieten sich im Internet von selbst, da es leicht zu Verwechslungen mit Hyperlinks kommen kann. Ebenso ist Vorsicht angesagt bei allem, was blitzt und blinkt: Wenn Elemente animiert sind, haben die Ergonomiker die längsten Suchzeiten gemessen.

12 Die Website aktiv vermarkten

Endlich ist Ihre Internetpräsenz online – doch keiner findet hin! Damit Sie gefunden werden können, müssen Sie Ihre Seite bei den Suchmaschinen – allen voran bei Google – anmelden. Sie müssen Ihre Site zudem für die Suchmaschinen ansprechend aufbereiten: Die relevanten Stichwörter sollten sich zwei bis drei Mal wiederholen, der Titel (title-tag) sollte aussagekräftig sein und auch die textlichen Beschreibungen. Zentral ist auch Ihre Verlinkung mit anderen Seiten: Diese können Ihnen nämlich den so genannten »PageRank« vererben. Das ist ein Tool, mit dem Google Seiten bewertet – nach sehr wichtig, wichtig oder weniger wichtig. Wenn Sie bei Google die Toolbar herunterladen (*www.google.de*) erkennen Sie diesen »PR« an einem grünen Balken. Und Sie sehen: Wichtige Seiten haben ganz viel PR, weniger wichtige haben keinen oder nur einen ganz kurzen grünen Balken... Weitere Details für die Suchmaschinenoptimierung präsentiert Ihnen der nächste Abschnitt.

12.1 Suchmaschinenoptimierung: So geht´s

»No title?« Kennen Sie Seiten, auf denen in der Ergebnis-Kurzbeschreibung bei Google und in anderen Suchmaschinen nichts oder nur Unsinniges steht? Voraussetzung, um gut gefunden zu werden, ist eine Website, die die Sprache der Suchmaschinen spricht und mit ihnen kommunizieren kann.

Zunächst sollte die erste Seite, die eine Suchmaschine zu fassen bekommt – in der Regel die Seite mit der Bezeichnung index.htm – eine HTML-Seite sein. Das bedeutet, es muss sich um eine statische Seite handeln. Reine flash- oder datenbankgenerierte Seiten können derzeit über Google nicht ohne weiteres indexiert werden, denn sie haben dynamische Inhalte.

Zweite, wichtige Voraussetzung ist ein suchmaschinenfreundliches Layout: Auf den Seiten sollte möglichst informativer Text stehen, denn viele Suchmaschinen »lesen« die Texte und übernehmen sie. Diese Texte sollten, wie oben bereits angesprochen, Ihre relevanten Suchwörter enthalten – also jene Stichpunkte, die der Nutzer vermutlich in die Suchmaschine eintippt.

Weitere Vorrausetzung für optimales »gefunden Werden« sind korrekte META-Tags. Das sind übergeordnete Anordnungen im Quelltext, die von den Suchmaschinen gelesen und als Befehl verstanden werden. Diese Meta-Tags beschreiben beispielsweise die Seite (Description) oder definieren Schlüsselwörter (Keywords). Dabei handelt es sich um die Wörter, die ein Suchender in die Suchmaschinen eintippt.

Entsprechend sollten sich die »Keywords« an den Fragestellungen ausrichten, die jemand hat, der finden will. In den meisten Fällen empfiehlt sich dabei eine produktorientierte Herangehensweise. Da möchte beispielsweise jemand über eine Suchmaschine einen Dienstleister finden, der technische PR-Texte verfassen kann. Wahrscheinlich wird er in die Suchmaschine eingeben: PR, Text, IT. Oder: technische PR-Texte, Angebot. Nach Ihrem Namen wird diese Person höchstwahrscheinlich nicht recherchieren. Auch Auftraggeber-Namen sind irrelevant. Imagebezogene Wörter haben in den »Keywords« nur dann eine relevante Aussagekraft, wenn Sie bereits einen Namen besitzen.

Der für Google wichtigste und meist übersehene Meta-Tag jedoch ist eigentlich gar kein richtiger Meta-Tag. Es ist der so genannte TITLE und das Top-Ranking-Element. Viele Suchmaschinen werten Worte, die im TITLE und gleichzeitig im Seiteninhalt vorkommen, als besonders wichtige und bevorzugt zu gewichtende Schlagworte. Darüber hinaus verwenden Suchmaschinen den TITLE auch als Linktext. TITLE taucht zudem selbst in der Beschreibung der Bookmarkliste von Webbrowsern auf. Daraus ergibt sich, dass der Titel Ihrer Seite prägnant und aussagekräftig sein muss.

Fast genauso wichtig sind Datei- und Verzeichnisnamen. Alle Dateien, die Sie für Ihre Website erstellen, sollten leicht verständliche Namen haben. Das gleiche gilt für Ordner, die in der Adresszeile als Unterdomain angezeigt werden (z.B. *www.karriereundentwicklung.de/referenzen.htm*). Suchmaschinen müssen sich beim »Wühlen« durch die Tiefen einer Websitestruktur an diesen Verzeichnis- und Dateinamen entlang hangeln. Einige Maschinen beziehen die Namen von Verzeichnissen und Dateien in die Indexierung mit ein. Dabei checken sie, ob sie etwas mit dem Inhalt der Website zu tun haben, vergleichen also die verwendeten Wörter und Begriffe.

Benutzen Sie in Verzeichnissen und Dateinamen möglichst nur Kleinbuchstaben und keine Sonderzeichen oder Leerstellen, weil damit einige Suchmaschinen (und auch Browser) nicht korrekt umgehen können.

Sehr kurze, kryptische oder gar aus generierten Querystrings (individuell auf eine Anfrage hin erstellte Abfrageergebnisse) zusammengesetzte URLs werden dagegen von den meisten Suchmaschinen ignoriert und somit auch nicht indexiert.

Suchmaschinenoptimierung ist eine Lebensaufgabe. Die Algorithmen ändern sich ständig. Wenn Sie auf dem Laufenden bleiben wollen, empfehle ich das sehr gute Buch »Website-Boosting« von Mario Fischer (siehe Literatur).

12.2 Webweite Bekanntheit per Info- oder Newsletter

Ralf Senftleben, Betreiber des Portals *Zeitzuleben.de*, erreicht wöchentlich über 110.000 treue Leser. Aber auch, wenn Sie einen weniger populären Newsletter betreiben: Ein regelmäßig verschicktes Informationsblatt verbindet Sie und Ihre Leser oder Auftraggeber ebenso wie ein regelmäßiger Blogartikel. Oft warten die Abonnenten so gespannt auf die neue Information wie auf die Zeitung zum Wochenende.

Doch so weit müssen Sie gar nicht gehen, so groß gar nicht werden. Auch in sehr viel kleinerem Rahmen ist es eine tolle Sache, sich regelmäßig oder auch nur vier Mal im Jahr durch einen Newsletter – oder gerne auch Infobrief – die Aufmerksamkeit Ihrer (potentiellen) Auftraggeber zu sichern.

Ob Sie einen kleinen, feinen oder einen großen Kreis gewinnen möchten: Entscheidend ist die Art der Information sowie die redaktionelle und inhaltliche Qualität, die Sie bieten. Ihre Information sollte aus einem ganz speziellen Themenumfeld stammen, besonders aktuell oder besonders individuell aufbereitet sein. Und einen eigenen Stil verkörpern. Dies gilt vor allem dann, wenn es bereits andere Internet-Newsletter zu Ihrem Thema gibt. Grenzen Sie sich vom Wettbewerb ab, lautet deshalb die erste Regel. Einen recht guten Überblick über Newsletter am Markt bieten Seiten wie *Kostenlos.de*, die auch einen eigenen Bereich für Newsletter-Eintragungen haben.

Ein Newsletter zeichnet sich in erster Linie durch regelmäßige Erscheinungsweise aus. Um den gewünschten Effekt zu erzielen, Kunden zu binden, sollte dieser Turnus nicht mehr als vier Wochen betragen. Ohnehin darf ein Newsletter, der nur alle sechs oder acht Wochen oder sogar unregelmäßig erscheint, nicht das Etikett »Newsletter« tragen.

Wie Sie den Newsletter verschicken, hängt von der jeweiligen Zielgruppe ab. Wenn Sie nur einen kleinen Newsletter betreiben, der Ihre Auftraggeber über Trends in der Branche informiert, genügt es, die Information über einen ganz normalen E-Mail-Verteiler zu versenden. Setzen Sie den Verteiler in das BCC (Blind Carbon Copy, unsichtbar für den Empfänger) einer E-Mail und auf keinen Fall in das CC (Carbon Copy, sichtbar für den Empfänger), da Sie ansonsten die E-Mail-Adressen der anderen Abonnenten mitschicken. Dies wirkt unprofessionell und läuft gegen den Datenschutz. In das eigentliche Empfänger-Feld tragen Sie eine Adresse ein, die Sie von Ihrer Website beziehen, zum Beispiel *newsletter@karriereundentwicklung.de*. Die E-Mail landet somit auch bei Ihnen im Postfach.

12.3 Ihre Kampagne im Internet: Anzeigen schalten?

Macht es für einen Journalisten oder ein Redaktionsbüro Sinn, Anzeigen bei Google zu schalten? Eine Frage, die nicht mit ja oder nein beantwortet werden kann, sondern wiederum nur mit einem abwägenden »Es kommt darauf an« : In erster Linie nämlich auf Ihr Angebot: Wenn Sie für eine überschaubare Anzahl von Auftraggebern arbeiten und diesen Kreis auch nur um wenige und ausgewählte Auftraggeber erweitern wollen, sind Anzeigen der falsche Weg. Dann können Sie Redaktionen besser gezielt ansprechen und Ihr Thema und sich im persönlichen Gespräch an den Mann oder die Frau bringen. Die persönliche Kommunikation am Telefon bringt Ihnen eine direkte Resonanz, auf die Sie ebenso direkt reagieren können.

Anders, wenn Ihre Dienstleistungen über den eigentlichen Zeitungs- und Zeitschriftenmarkt hinausgehen. Möchten Sie PR-Texte für kleine und mittelständische Unternehmen erstellen oder Broschüren für die Wirtschaft und für Institutionen, so machen Sie sich mit einem Inserat leichter findbar. Noch besser wäre aber konsequentes Social Media-Engagement, denn dadurch werden Sie immer wieder gelesen und pushen indirekt auch Ihre Homepage oder Ihren Blog.

Zunächst gilt es herauszufinden, wo sich Ihre Zielgruppe aufhält und sich dort hin zu begeben. Möchten Sie aufgrund spezifischen Know-hows in der Druckereibranche Firmen ansprechen, die auf diesem Sektor tätig sind, so empfehlen sich Anzeigen dort, wo sie gelesen werden – in Fachmagazinen etwa. Oder noch besser im Internet. Eine wirkungsvolle Methode der Ansprache liegt in den so genannten AdWord-Anzeigen der Suchmaschine Google. Ihre Anzeige erscheint immer dann, wenn der User von Ihnen vorher definierte Schlüsselwörter eingibt. Auf diese Weise finden Sie stets den Weg zu einer ausgewählten Zielgruppe und zahlen auch nur für die tatsächlichen Einblendungen. Ein von mir befragtes Redaktionsbüro war mit solcherart Werbeschaltung bei der Suchmaschine Google überaus erfolgreich. Hohe Wirkung bei vergleichsweise geringem Geldeinsatz: Bei Google können Sie selbst bestimmten, wie viel Sie ausgeben möchten. Die Zahl der Einblendungen richtet sich dann nach Ihrem finanziellen Einsatz. Weiterer Vorteil dieser Form der Suchmaschinenwerbung: Sie müssen Ihre Anzeige nicht kostenaufwändig gestalten lassen, sondern können mit selbst erstellten Werbetexten arbeiten. Wer öfter in Google sucht, wird immer wieder auf Ihr Inserat stoßen. Und je häufiger er es sieht, desto leichter wird er sich an Sie erinnern, desto eher auf Sie zurückgreifen, wenn ein konkreter Auftrag zu vergeben ist. »Das sind doch die...?«

Ich selbst habe mein Portal Gruenderreports.de am Anfang mit Google-Anzeigen beworben, das hat einiges gebracht – allerdings auch, weil sich konkrete Produkte leichter verkaufen als (unkonkrete) Dienstleistungen.

Beachten Sie, dass Sie bei Google sowohl Anzeigen für die Suchmaschine schalten können als auch Anzeigen, die auf bestimmten, von Ihnen ausgewählten Portalen erscheinen. Das ist im Zweifel der bessere Weg, denn so suchen Sie sich Ihr Umfeld selbst aus.

12.4 Geld verdienen mit der eigenen Website?

Haben Sie sich für eine aufwändige Service-Seite oder einen Blog entschieden? Dann können Sie im nächsten Schritt darüber nachdenken, wie sich diese Investition in bare Münze auszahlen könnte. Oder wie Sie es schaffen, wenigstens die Kosten für den Betrieb der Website auf Null zu senken. Denn: Je mehr Besucher Ihre Seite hat, desto höher der Traffic, desto teurer die Seite.

Werbung auf Ihrer Website

Eine gute Möglichkeit mit einer informativen Website Geld zu verdienen sind die Google AdSenses. Das sind die Brüder der AdWords – kleine Textanzeigen, die Sie auf Ihre Seite einbinden. Je mehr »Traffic« Sie haben, desto eher lohnt sich das. Gut besuchte Seiten erzielen leicht mehrere 100 Euro im Monat. Das Prinzip ist einfach: Sie binden Anzeigen einer thematisch passenden Anzeigengruppe in einem wählbaren Format auf Ihrer Website ein. Klickt ein Besucher darauf, klingelt es in Ihrer Kasse. Immer wenn mehr als 100 Dollar zusammen kommen, schickt Ihnen Google einen Scheck oder überweist das Geld.

In Blogs können Sie auch andere Anzeigen schalten, das geht inzwischen sehr leicht. Über Seiten wie *www.adtaily.com* können Sie ganz einfach Anzeigen auf Ihrer Seite schalten lassen. Allerdings brauchen Sie dafür schon eine kritische Besuchermasse, sollten also genügend Visits und PageImpressions haben. Diese messen Sie übrigens über spezielle Tools, die in Blogsoftware wie Wordpress integriert sind, oder über Google Analytics, das ist ein Auswertungsprogramm von Google.

13 Noch mehr cleveres Online-Marketing: Das Internet als Werbeplattform nutzen

Online-Marketing bedeutet viel mehr als die eigene Internetpräsenz aufzubauen. Mit Online-Marketing können Sie sich zum Beispiel Gehör verschaffen – etwa in den zahlreichen thematischen Diskussionsforen von Xing (*www.xing.de*).

Mit jeder Antwort hinterlassen Sie eine Spur im Internet, die Sie nicht mehr selbst löschen können. Jedes Posting – jeder veröffentlichte Beitrag also – wird in Archiven gespeichert und ist mit Hilfe der Stichwortsuche oder der Suche nach Ihrem Namen (immer als Phrase in Anführungszeichen setzen) abrufbar. Vielleicht für immer.

Engagierte Antworten werden von Ihren derzeitigen oder künftigen Lesern wohlwollend registriert. Auch Auftraggeber, die Ihre Beiträge lesen, könnten auf diesem Weg auf Sie aufmerksam werden. Jedes Posting kann so auch gleichzeitig Arbeitsprobe werden – gerade über Xing werden sehr gerne spezialisierte Journalisten kontaktiert.

Eine vergleichbare Wirkung erzielen Sie mit ehrenamtlichem Engagement auf Portalseiten, die oft über eigene Foren verfügen. Auch das Schreiben für Internetausgaben von Verbänden, Institutionen, Selbsthilfegruppen oder Vereine kann Ihnen webweites Renommee einbringen. Nutzen Sie es zum Aufbau eines Empfehlungsnetzwerkes. Sie schreiben kostenlos oder für wenig Geld und erhalten dafür Referenzen und eine optimale Darstellung auf der Website.

Apropos Netzwerk: Auch die Gründung eines virtuellen Journalistenbüros kann sich lohnen. Wenn Sie mit mehreren Kollegen auf Empfehlungsbasis zusammenarbeiten, etablieren Sie sich leichter, weil jeder den anderen bekannt macht und auf diesem Weg zwangsläufig Synergieeffekte entstehen. Eine Website kann solche lockeren virtuellen Gemeinschaften auch ohne gemeinsames Büro zusammenhalten.

Effektiv und preiswert: Diese beiden Attribute kennzeichnen Marketing, das mit Hilfe des Internets betrieben wird. Welche der zahlreichen Möglichkeiten Sie wahrnehmen und umsetzen, hängt von Ihrer Strategie ab. Was möchten Sie erreichen? Denken Sie an die ersten Kapitel dieses Buches und halten Sie sich stets vor Augen, dass jede Maßnahme, die Sie ergreifen, dem

Ziel dienen sollte. Es bringt nichts, an allen möglichen Stellen Feuer zu entfachen, die dann verglimmen. Besser, Sie entzünden einen Flächenbrand.

Allerdings: Die Wirkung eines strategisch geplanten und betriebenen Online-Marketings macht sich nicht von heute auf morgen, sondern oft erst nach vielen Monaten, mitunter Jahren, bemerkbar. Geduld ist also eine der Voraussetzungen für Ihren Erfolg. Und Konstanz: Einmal dabei und aktiv zu sein bringt nichts. Wichtig ist der dauerhafte und permanente Einsatz für die eigene Sache. Und nicht zuletzt: Alle virtuellen Kontakte bringen nichts, wenn man nicht auch in der realen Welt mit anderen Kollegen und Freiberuflern kooperiert.

13.1 E-Mail-Anhänge: Vermeiden Sie technische Missverständnisse

Kaum zu glauben, aber wahr: Microsofts Markt- und Machtmonopol hat vor einigen Tageszeitungs- und Magazinredaktionen Halt gemacht. Nicht nur die »Kleinen«, sogar renommierte Zeitschriften mit einer Auflage über 200.000 Stück können doc-Dateien häufig nicht öffnen, weil Word schlichtweg auf den Rechnern nicht installiert ist.

Hier ist Bill Gates Mission – sonst mit einem Anteil von 87 Prozent unumstrittener Marktführer -, noch nicht bis in den Redaktionsalltag vorgedrungen. Statt mit dem Microsoft-Office-Paket oder Layout-Programmen wie QuarkXPress wird mit veralteten Redaktionssystemen gearbeitet, die zu moderner Software nicht kompatibel ist. Der Macintosh – in Werbe- und PR-Agenturen verbreitet – ist dagegen heute in der Regel kein Hindernis zum gegenseitigen technischen Verständnis mehr. Microsoft-Programme laufen meist auch auf dem »Mac«.

Ärgerlich, wenn Ihre als .doc abgespeicherten und verschickten Themenideen in der Redaktion nicht ankommen, weil niemand sie öffnen kann. Ist die Zusammenarbeit schon angelaufen, wird der zuständige Redakteur Sie wohl anrufen und freundlich darum bitten, dass Sie ihm den Text direkt in der E-Mail zusenden.

Sind Sie dagegen ein »Neuer«, der sich einfach nur vorstellen wollte, könnte Ihre E-Mail auch im virtuellen Papierkorb landen. Oft ist dem Redakteur sein technisches Exotendasein nämlich gar nicht bewusst. Zudem bleibt oft nur »hängen«, dass sich da eine E-Mail nicht öffnen lässt – warum, das bleibt im Dunkeln. Möglicher (bleibender) Eindruck: Offensichtlich ist der Sender jemand, der kein großes Interesse an einer Zusammenarbeit hat, sondern Serien-E-Mails schickt. Jemand, der nicht besonders professionell arbeitet oder keine Ahnung hat, was in Redaktionen wirklich läuft, oder beides. Das war´s... (oder könnte es gewesen sein).

Um solche Missverständnisse zu vermeiden, sollten Sie unbedingt über die technischen Voraussetzungen sprechen, bevor Sie Ihre Unterlagen per E-Mail versenden. Setzen Sie auch nicht als selbstverständlich voraus, dass Ihr Gesprächspartner den elektronischen Versand bevorzugt. In vielen Redaktionen sitzen immer noch Redakteure, die auf Fax eingeschworen sind oder sich sehr über per Post verschickte Mappen freuen. Wenn Sie es schwarz auf weiß wollen, dann tun Sie Ihnen den Gefallen – Kundenorientierung geht immer vor.

Checkliste: Übersicht über gängige Dateiformate

.doc
Mit dem Programm Microsoft Word erstellte Dokumente (Dateien).

.jpg
Fotos werden fast immer in diesem Format abgespeichert, wenn Sie internettauglich sein sollen. Achten Sie auf gute Auflösung – 300 dpi wünschen Zeitungen.

.rtf
Rich Text Format: RTF ist ein Dateiformat, das keine Makrobefehle (kleine Programme, die sich unter anderem auch mit Word erstellen lassen) speichern und deshalb auch keine Viren enthalten kann. Dennoch können RTF-Dokumente formatiert sein, beispielsweise auch Bilder enthalten. Das Wahlformat für Dateianhänge!

.pdf
Dahinter stecken Dateien, die mit Adobe Acrobat (kostenpflichtig) erstellt und dem kostenfrei erhältlichen Acrobat Reader gelesen werden können. Ideales (und virensicheres) Format für Zeitschriftenartikel, Online-Bewerbungen und Arbeitsproben.

.xls
Mit Excel erstellte Tabellen, die sich über das Internet verschicken lassen, aber wie Word auch anfällig für Makroviren sind. Richten Sie sich zum eige

nen Schutz und zum Schutz der anderen einen Virenscanner ein! Manche Viren machen sich erst nach dem Versenden bemerkbar – Sie können Viren also durchaus ohne Absicht verschicken.

13.2   Mit E-Mails Themen verkaufen

Das Entree in die Redaktionen ist oft ein guter Themenvorschlag. Zunächst ist es wichtig, sich anzusehen, was E-Mail für Ihre Zielgruppe, die Redakteure, Chefredakteure und andere Journalisten, in Zeiten einer Überflutung mit Nachrichten bedeutet. Immer wieder höre ich, dass E-Mails nicht beantwortet werden – vor allem, wenn Sie von jemand Unbekanntem stammen. Deshalb sollten Sie nie an jemanden schreiben, der Sie noch gar nicht kennt. Erstkontakte sollten, wann immer es irgend geht, telefonisch erfolgen.

Ich gebe zu, dass sich einige Redakteure und Chefredakteure gern verschanzen und es fast unmöglich ist, diese an die Strippe zu bekommen. In diesen Fällen haben Sie keine andere Chance als auf die Mail auszuweichen – Sie sollten sich aber auch nicht mit einer begnügen. Ist nach drei Tagen noch keine Antwort gekommen, so leiten Sie Ihre Mail einfach noch mal weiter und schreiben oben drüber: »Diese Mail habe ich Ihnen am XY geschickt. Sicher haben Sie viel zu tun, das verstehe ich. Ich benötige jedoch Ihre Zu- oder Absage und freue mich auf Antwort bis (Termin)«. Meine Erfahrung: Jetzt antworten 30-50%. Die anderen erreichen Sie durch nochmaliges Erinnern. Ich habe eine Kundin, die hat 12 Mails gebraucht, bis sie ihr Thema verkauft hatte. Aber sie blieb hartnäckig – und das ist wichtig!

Denken Sie sich immer hinter die Kulissen, wenn Sie ein Anliegen verfolgen. Ein Redakteur, der nicht genannt werden möchte: »Wenn bei uns produziert wird, lese ich nur die E-Mails von den Chefredakteuren und den Autoren, die für die jeweilige Ausgabe Texte liefern.« Alles andere bleibt im Postfach liegen, wandert bestenfalls in den Ordner »zu bearbeiten«. Doch auch der ist nach einer gewissen Zeit dermaßen überfüllt, dass eines Tages nur noch der Klick auf »Löschen« hilft. Ein anderer berichtet, dass er nur auf E-Mails antwortet, wenn diese zum zweiten Mal geschickt worden sind. »Dann scheint es auch wichtig zu sein, die Erstmail sehe ich mir meist gar nicht erst an.« In manchen Verlagen sorgt ohnehin die IT-Abteilung dafür, dass Mails nur einen bestimmten Zeitraum verwahrt werden. In die Ablage werden Sie so häufig gar nicht erst wandern und so sehr schnell vergessen werden.

Einige Zeitgenossen versuchen mit Hilfe von Lesebestätigungen in Erfahrung zu bringen, ob eine E-Mail gelesen wurde oder nicht. Doch das ist keine empfehlenswerte Methode – ganz im Gegenteil. Sie verärgern damit Ihre Zielgruppe. Der graue Kasten, der den Empfänger auffordert, eine Bestätigung zu senden, nervt mit hoher Wahrscheinlichkeit und wird als zusätzlicher Aufwand empfunden. Zudem kann Ihr Gegenüber die Frage »Der Absender hat eine Bestätigung angefordert, die anzeigt, dass Sie diese Nachricht gelesen haben. Möchten Sie eine Bestätigung versenden?« auch frech mit »nein« beantworten. Hinzu kommt, dass nicht alle E-Mail-Programme Lesebestätigungen unterstützen. Es kann also durchaus passieren, dass Ihre E-Mail gelesen wurde, Sie aber keine Empfangsbestätigung erhalten.

Nicht selten verschwinden E-Mails wirklich. So eine elektronische Nachricht ist schließlich sehr leicht zu löschen – auch versehentlich (wenn Ihr Redakteur mehrere Nachrichten zum Löschen markiert, kann allzu leicht auch mal Ihre dabei sein). Dann wieder gibt es eine Reihe von Adressen, die nicht wirklich aktiv sind oder nicht aktiv gelesen werden. Sammeladressen wie kultur@tageszeitung.de oder reise@tageszeitung.de. Der Sinn solcher Adressen ist der, dass Nachrichten allen Ressortmitgliedern gleichzeitig zugestellt werden, nicht nur Ressortleiter, sondern gleich die ganze Mannschaft informiert wird. In der Praxis werden Sammeladressen aber allzu gern als »Deckadresse« gewählt, an die alle weniger wichtigen Nachrichten gesendet werden. Nur wer wirklich interessant ist, erhält die direkte E-Mail-Adresse vom Ansprechpartner. Es wird auch keineswegs sichergestellt, dass Sammeladressen von allen Ressortmitgliedern oder von der gesamten Redaktion gelesen wird (wenn die Adresse redaktion@tageszeitung.de lautet). Mitunter ist nur die Redaktionsassistentin mit dem Lesen der E-Mails betraut und alle allgemeinen Anfragen (z.B. also an redaktion@beispiel.de) sind lediglich auf ihr Postfach umgeleitet.

Nichts gegen Redaktionsassistenten, aber im Allgemeinen handeln solche Organisationshelfer schematisch. Ein häufig zu findendes Schema lautet: »Wir haben genügend freie Mitarbeiter, also sind Bewerbungen für uns nicht von Interesse.« Dass Sie nicht irgendjemand sind und der richtige Mann oder die richtige Frau für ein bisher unbeackertes Spezialgebiet wären, wird dabei nicht bemerkt.

121

Was Sie aus all dem lernen? Mit unangekündigten Anfragen per E-Mail werden Sie bei Ihrer Akquise nur selten Erfolg haben, mit Themenvorschlägen nur bei entsprechender Hartnäckigkeit. E-Mail ist meist nur dann ein effektives Mittel zur Kommunikation, wenn Sie den Ansprechpartner kennen und über die E-Mail mit Themenvorschlägen gesprochen haben.

13.3 Kommunizieren Sie mit Köpfchen

Es ist schon verführerisch, sich im Stil seinem E-Mail-Partner anzugleichen. Geben Sie sich dieser Versuchung nicht hin. Entwickeln und behalten Sie Ihren eigenen Kommunikationsstil. Machen Sie es nicht wie die anderen: Da werden E-Mails ohne Anrede und Gruß beantwortet, Befehle statt Bitten ausgesprochen. Begegnen Sie solchen Kommunikationsfehlern mit Ihrem persönlichen, wieder erkennbaren Stil, aber heben Sie sich dabei positiv aus der Masse hervor. Höflichkeit kommt immer gut an, denn sie ist sehr wenig verbreitet. Zudem verleiten unhöfliche Schnellantworten dazu, ebenso zu antworten.

Es ist ein Gerücht, dass man sich im Internet locker und informell austauschen kann. Als guter Kommunikator tragen Sie Sorge dafür, dass Ihr Gegenüber Sie versteht. Sie senden mit jeder E-Mail auch Botschaften zwischen den Zeilen mit. Eine fehlerhafte Mail ohne Grußformel könnte etwa signalisieren:»Hab keine Zeit« – oder aber mangelnde Wertschätzung des E-Mail-Partners. Und genau in solchen Missverständnissen liegt die Gefahr allzu schneller Kommunikation begründet. Senden Sie deshalb immer ein Stück Wertschätzung mit.

Eine höfliche Anrede mit »Sehr geehrter«, »Guten Tag«, »Hallo« oder »Lieber« drückt diese aus und gehört auch in einer Antwort-Mail dazu. Auch ein Gruß ist obligatorisch: Je höflicher, desto netter wirken Sie. Einfach »Gruß: Svenja« wirkt etwas rüpelhaft. Wie viel angenehmer klingt dagegen »herzliche Grüße«, »freundliche Grüße« oder auch ein »alles Gute«.

In der Grußformel können Sie sich von den anderen anheben und somit an Ihrer »Markenbildung« arbeiten. Einige Beispiele für ungewöhnliche Grußformeln:

- »grüßt freundlich: monika ahrends«
- »bedankt sich für die Aufmerksamkeit: Hagen Schulz«
- »mit sonnigen Grüßen aus München«
- »freundlich grüßt peter kay«

Eine Möglichkeit, auch optisch eigenen Stil zu zeigen, bietet beispielsweise die (konsequente) Kleinschreibung.

Fallen Sie nie mit der Tür ins Haus. Ein freundlicher Gruß oder eine Frage eröffnen das virtuelle Gespräch besser und sorgen für gute (Lese-) Stimmung. Statt »anbei finden Sie den Artikel« können Sie sich beispielsweise nach dem Befinden erkunden oder dem Wochenende fragen. Etwa so:

»Lieber Herr Müller,
ich hoffe, Sie hatten ein erholsames Wochenende und einen stressfreien Start in die neue Woche. Wie am Freitag besprochen, sende ich Ihnen anbei meinen Artikel (...)«

Lesen Sie jede Mail vor dem Abschicken. Wirkt der Text freundlich? Sind Bitten und Forderungen positiv verpackt? Kommen Sie auf den Punkt? Vermeiden Sie beim Schreiben negative Vokabeln und eliminieren Sie »nein« und »nicht« aus Ihrem Text. Versuchen Sie sich vorzustellen, welche Stimmung der Text bei Ihrem Gegenüber hervorruft. Je positiver und freundlicher, desto besser. Jeder möchte mit Achtung behandelt werden, doch die meisten Menschen halten sich nicht an diese grundlegende Kommunikationsregel. Wenn Sie es tun, haben Sie schon viel gewonnen.
Schreiben Sie einen elektronischen Brief nie über mehr als eine Bildschirmseite, bringen Sie Anliegen eindeutig und klar zum Ausdruck. Ein Call To Action am Ende ist hilfreich, also eine Handlungsaufforderung. Das kann eine Frage sein oder ein Termin, bis zu dem sich der Angesprochene für ein Thema oder dagegen entscheiden möge. Kurze Nachrichten werden besser wahrgenommen als lange und meist sofort und insgesamt gelesen.

13.4 Kostenlose Werbung: Die E-Mail-Signatur

Abschluss jeder E-Mail ist die Signatur, anhand derer der E-Mail-Empfänger erkennen kann, mit wem er es zu tun hat und wie er den Sender erreichen kann. Die Signatur folgt stets als Abspann am Ende des Textes – sie beginnt den Text nicht. Sie umfasst zunächst Ihre Kontaktdaten. Darüber hinaus kann sie aber auch Hinweise – etwa auf Websites oder Eigenwerbung – auf einen eigenen Newsletter, einen aktuellen Artikel oder ein Buch enthalten.

Checkliste: Die eigene E-Mail-Signatur

- Fragen Sie sich, was Sie veröffentlichen wollen: Postanschrift, Telefonnummer, mobile Erreichbarkeit, Internetadresse?

- Was können Sie aus Werbesicht zum Ausdruck bringen: Welcher Artikel wirbt optimal für Sie? Was ist neu auf Ihrer Internetseite? Haben Sie gerade einen Preis gewonnen? Ein Buch geschrieben? Sich mit jemanden zusammengeschlossen und ein Büro gegründet?

- Welches Layout passt zu Ihrer Corporate Identity? Wie muss eine Signatur wirken, um Ihnen gerecht zu werden? Schreiben Sie zunächst Adjektive auf, die Sie beschreiben. Überlegen Sie dann, mit welchen Zeichen Sie Ihre Persönlichkeit unterstreichen.
  (Beispiele: >>>> = schnell, ----- = auf das Wesentliche reduziert; ===== gradlinig; ~~~~= weich, geschwungen)

- Wie können Sie Ihre Signatur weiterentwickeln? Machen verschiedene Varianten für unterschiedlichen Zielgruppen Sinn?

- Testen Sie Ihre Signatur vor dem Verschicken: Schicken Sie die Signatur an mehrere Bekannte mit möglichst unterschiedlichen PC- und E-Mail-Konfigurationen, und lassen Sie sich die Nachricht zurückschicken. Wie kommt die Signatur an? Falls die Zeichen verrutscht sind: Wo liegt die Ursache? Haben Sie vielleicht keinen Proportionalfont eingestellt? Mehr als 64 Zeichen in eine Zeile geschrieben?

Signaturen sollten Sie genau wie den E-Mail-Text mit Hilfe der Buchstaben und Zeichen auf der Tastatur erstellen und in einer Proportionalschrift wie Courier anzeigen lassen. Sie können diese mit einem Programm wie Outlook oder Outlook Express automatisch an jede E-Mail anhängen. Outlook bietet Ihnen auch die Möglichkeit, mehrere Signaturen für unterschiedliche Zwecke und Zielgruppen anzulegen. Möchten Sie anders unterschreiben, wenn Sie einem Leser antworten? Nur bestimmten Redakteuren mitteilen, dass Sie einen Newsletter anbieten oder ein Buch schreiben? Zwischen guten Bekannten und »Fremden« unterscheiden? Wenn Sie mehrere Signaturen anlegen, können Sie selbst entscheiden, wem Sie welche Signatur schicken.

In die Entwicklung Ihrer eigenen Signatur können Sie jede Menge eigene Ideen und Fantasie einbringen. Jedoch sollten Sie niemals übertreiben und sich nicht nur in Ihrem Anschreiben, sondern auch in Ihrer Signatur immer kurz halten. Nicht mehr als vier Zeilen soll eine Signatur lang sein – so lautet eine Regel, die auch in der Usenet-Netiquette festgeschrieben ist.

Meist wird die Signatur von einem so genannten Signaturtrenner eingeleitet. Das sind zwei Bindestriche (--) hintereinander. Die meisten Programme erkennen diese Bindestriche als Trennzeichen und beziehen die Signatur in einer Antwort auf eine E-Mail nicht mehr ein. Der Sinn dahinter: Die Signatur soll nur einmal geschickt werden und kann in allen »Quotes« – in einer Antwort wird auf eine vorherige E-Mail Bezug genommen, wobei ein Teil der Ausgangs-Mail »zitiert« wird – außen vor bleiben.

Wie Sie eine Signatur aufbauen, bleibt Ihnen überlassen. Hinweise auf aktuelle Angebote, gerade erschienenen Artikel oder Bücher können Sie, getrennt durch eine Linie oder Markierung, unter die Kontaktdaten setzen.

Zuletzt noch ein Tipp: Schreiben Sie Ihre Signatur immer erst in einem einfachen Editor (z.B. Windows Editor oder Ultraedit) und kopieren Sie diese dann in das Signaturfeld von Outlook Express (unter Extras/Optionen zu finden). Dazu markieren Sie den Text, übernehmen ihn mit Steuerung und C in die Zwischenablage und setzen ihn mit Steuerung und V in das vorgegebene Signaturfeld ein. Vorteil: Sie arbeiten hier automatisch mit proportionalen Schriftarten und den »richtigen« Abständen.

Checkliste: Höfliche Kommunikation (E-Mail-Netiquette)

1. Schreiben Sie nicht groß. Wer GROSS schreibt, SCHREIT.

2. Falls es Doppeldeutigkeiten in Ihrem Text geben könnte, kennzeichnen Sie diese mit Emoticons wie dem grinsenden Smiley ;-). Nutzen Sie Emoticons nur, wenn Sie den Empfänger Ihrer E-Mail schon etwas länger kennen. Gehen Sie nicht davon aus, dass die Emoticons bekannt sind.

3. Die maximale Länge pro Zeile beträgt 64 bis 70 Zeichen. Einige E-Mail-Programme brechen Text danach um, so dass ein unsauberes Bild entsteht: Einige Zeilen brechen nach wenigen Worten um, ein Zickzackmuster entsteht. Stellen Sie deshalb stets 64 Zeichen als maximale Zeilenlänge in Ihrem E-Mail-Programm ein.

4. Hängen Sie keine Attachments an, die größer sind als ein MegaByte. Überschreitet ein Anhang diese Größe, so fragen Sie den Empfänger vorher um Erlaubnis, ob Sie die Datei trotzdem schicken dürfen.

5. Wenn Sie in einer E-Mail auf eine URL Bezug nehmen, so beginnen Sie die Adresse mit http://. Wenn Sie nur www.dieseadresse.de schreiben, erkennen manche E-Mail-Programme nicht, dass es sich um einen Link handelt.

6. Auch E-Mail-Adressen müssen Sie als solche extra kennzeichnen. Dazu nutzen Sie den HTML-Befehl mailto:. Nach dem Mailto folgt die E-Mail-Adresse. Kein Leerzeichen zwischen Doppelpunkt und Adresse!

7. Schreiben Sie E-Mails nie ohne ein Subject (Thema). Nennen Sie ein Subject, unter dem sich jeder etwas vorstellen kann.

8. Wenn Sie auf E-Mails antworten, so setzen Sie Ihren Antwort-Text über die E-Mail und nicht darunter.

9. Auch wenn Sie auf E-Mails antworten, sprechen Sie Ihr Gegenüber immer direkt an (Hallo, Sehr geehrter, Guten Tag). Steigen Sie nicht in medias res ein. Das gilt als unhöflich.

10. Schreiben Sie Ihren Text nie über mehr als eine Bildschirmseite. Lange Texte verschrecken und verleiten dazu, die E-Mail erst einmal auf die Seite zu legen, anstatt sie sofort zu lesen.

11. Bei der Antwort lassen Sie Passagen stehen, auf die Sie direkt Bezug nehmen. Schreiben Sie Ihre Antwort unter diese Passagen. Löschen Sie Abschnitte, die Sie nicht direkt beantworten (müssen).

12. Wenn Sie Nachrichten von anderen (Artikel o.Ä.) weiterleiten (»forwarden«), setzen Sie Ihre Kommentare oberhalb der E-Mail, also an den Anfang.

13. Aus Ihrer E-Mail-Kommunikation entsteht ein richtiges Gespräch mit vielen Re:Re´s (für Reply, bei deutschen Programmen auch Aw.)? Wandeln Sie das Subject (Thema) um, wenn es sich im Laufe der Diskussion ändert. Beispiel: Sie haben einer Redaktion einen Themenvorschlag gemacht und sich in mehreren Mails darüber ausgetauscht. Daraus ist ein Auftrag entstanden. Wenn Sie auf die Frage, ob und bis wann Sie diesen Auftrag übernehmen können, antworten, können Sie das Subject hin zu »Auftrag« ändern.

14. Verwenden Sie im Internetjargon verbreitete Abkürzungen wie ASAP (as soon as possible) oder IMHO (in my humble opionion) nur sparsam. Sie können nicht davon ausgehen, dass auch Ihr Gesprächspartner mit diesen Abkürzungen vertraut ist. Der Gebrauch wirkt arrogant und von oben herab. Motto: »Hat der nicht mal Zeit etwas auszuschreiben?«

15. Bei Einzügen keine Tab-Stopps verwenden, da deren Länge in jedem Mailprogramm unterschiedlich eingestellt ist. Um Abstände einzufügen, nutzen Sie besser Leerzeichen und eine so genannte Proportionalschrift wie Courier. Bei einer Proportionalschrift sind alle Zeichen gleich lang und groß. Problem: Damit Ihr Gegenüber die Mail so lesen kann, wie Sie sie abgeschickt haben, muss er gleichfalls auf einen proportionalen Font eingestellt sein. Im Zweifel sollten Sie auf Abstände ganz verzichten und stattdessen mit Umbrüchen und Leerzeilen arbeiten.

16. Nutzen Sie Formatierungen sinnvoll, aber sparsam (mehr dazu im nächsten Kapitel). Durch das Quote-Zeichen < am Anfang einer Zeile

lassen sich Hyperlinks beispielsweise farbig hervorheben. Dies funktioniert aber nicht bei allen Programmen.

17. Lesebestätigungen sind so etwas wie E-Mails mit Rückschein. Hat Ihr Gegenüber eine E-Mail geöffnet, erhält er eine Meldung und soll den Empfang bestätigen. Tut er dies, erhalten Sie eine Bestätigung. Verzichten Sie unbedingt auf diesen Unsinn, denn damit nerven Sie Ihr Gegenüber mit ziemlicher Wahrscheinlichkeit: Es erhält auch so schon genügend E-Mails. Zudem können Lesebestätigungen schnell gelöscht werden. Eine nicht eingegangene Empfangsbestätigung sagt also gar nichts aus.

18. Lesen Sie Ihre E-Mail, bevor Sie diese absenden. Sie müssen bei einer E-Mail die gleiche Sorgfalt an den Tag legen, wie beim Schreiben eines Briefes. Das Programm Outlook Express besitzt zudem eine Rechtschreibprüfung, die Sie wie bei Word ständig eingeschaltet lassen können.

14 Auftragssuche

Viele Journalisten starten erst einmal mit einem Auftraggeber. Doch selbst, wenn das Honorar stimmt und für den ganzen Monat reicht: Die Abhängigkeit von diesem einen Auftraggeber ist groß. Als Selbstständiger sind Sie auch Unternehmer. Da ist es gefährlich, nur vom Gutdünken eines einzelnen Kunden zu zehren. Schaffen Sie sich lieber einen Kreis treuer Abnehmer. Gewinnen Sie so viele Auftraggeber, dass Sie auch dann nicht ins Trudeln kommen, wenn Sie einen davon verlieren. Versuchen Sie in Bereichen tätig zu werden, die möglichst wenig miteinander konkurrieren. Und: Lernen Sie die Kunst effektiver Zweit- und vielleicht sogar Drittverwertung.

Die erste Frage, die Sie sich stellen sollten: Wie schaffen Sie es, Ihr Thema für unterschiedliche Medien interessant zu machen? Wenn Sie medienübergreifend – also für Print, TV und Radio – tätig sind, haben Sie meist die besten Voraussetzungen, gut ins Geschäft zu kommen. Doch auch reine Printjournalisten können Ihr Thema auf unterschiedliche Zielgruppen zuschneiden und somit problemlos Auftraggeber aus verschiedenen Bereichen gewinnen. Wenn mehrere, direkt miteinander konkurrierende Zeitschriften am Markt existieren, sollten Sie sich für eine entscheiden – jedenfalls, wenn Sie regelmäßig als Autor in Aktion treten. Das schafft Vertrauen und Bindung zwischen Ihnen und dem Auftraggeber.

Doch auch über den direkten Wettbewerb hinaus ergeben sich – meist erst auf den zweiten Blick – viele Möglichkeiten, schreiberisch aktiv zu werden. Wichtig ist es dabei, über den Tellerrand der großen Publikumsmagazine hinaus zu denken. Es müssen nicht immer Millionenauflagen sein – mitunter erwerben Sie mehr Anerkennung, wenn Sie für eine kleine, ausgewählte Klientel, etwa für ein Fachmagazin, schreiben.

Stehen Sie am Anfang, ist es die ideale Vorgehensweise, die bereits vorhandenen Artikel zur Weitervermarktung zu nutzen. Lässt sich Ihr Thema auch für ein Fachmagazin aufbereiten? Könnte eine Tageszeitung daran interessiert sein? Gibt es Kundenzeitschriften, für die der Beitrag interessant sein könnte? Verbandsmagazine? Mitarbeiterzeitungen?

Ein Beispiel:
Sie haben einen Bericht über Affiliate Marketing – Partnerprogramme –
für eine Marketingzeitschrift verfasst. Der Artikel beschäftigte sich damit,
wie Firmen durch Online-Partnerprogramme auf eine preiswerte Art und
Weise für sich werben. Gezahlt wird nur dann, wenn auch tatsächlich ein
Kunde gewonnen wird. Aus Unternehmenssicht eine ideale Werbemethode.

Den gleichen Artikel können Sie aber auch aus der Sicht des Kunden verfassen: Wie kann ich mit Partnerprogrammen Geld verdienen? Beziehen Sie
technische Hintergründe mit ein, so wäre dies ein idealer Bericht für ein
Fachmagazin. Mit Fokus auf bestimmte Partnerprogramme, etwa im Bereich
Buch- oder Versandhandel, könnte das Thema auch für Frauenzeitschriften
interessant sein. Publikumszeitschriften könnten mit dem Aspekt »Schnell
und einfach Geld verdienen« gewonnen werden. Eine Kundenzeitschrift
wiederum könnte sich für einen solchen Bericht interessieren, wenn das
hauseigene Partnerprogramm beispielhaft vorgestellt würde.

Auch Nachrichtenagenturen – besonders Themendienste – könnten auf
das Thema »abfahren«. Und nicht zuletzt sind Kurzberichte und kommen-
tierte Links auch für Online-Magazine interessant.

Mit nur einem, dafür gut recherchierten und aktuellen Artikel könnten Sie
auf diese Weise in einen ersten Kontakt mit zahlreichen Zeitschriften und
Zeitungen treten und würden vermutlich auch einiges veröffentlichen. Alle
diejenigen, die an diesem speziellen Thema nicht interessiert waren, könnten
Sie – nach Rückfrage – in die eigene Kartei aufnehmen. »Haben Sie generell
Interesse an Themen aus diesem Bereich? Darf ich Ihnen bisweilen einen
Artikel oder interessante Themen anbieten?« Viele werden sagen ja. Unver-
bindlich werden Artikel nämlich gerne genommen.

14.1   Wo kann ich meine Artikel veröffentlichen?

40.000 deutschsprachige Publikationen gibt es, hinzu kommen die zahlreichen Online-Angebote. Jede Menge Chancen für Sie, auch jenseits der
Publikumszeitschriften und Tageszeitungen neue Auftraggeber zu gewinnen,
etwa im Bereich des so genannten Corporate Publishing (Kunden- und
Mitarbeitermagazine). Doch zunächst einmal gilt es, sich einen Überblick
über den Markt zu verschaffen. Welche Zeitungen und Zeitschriften gibt es
überhaupt? Wo liegt deren redaktioneller Schwerpunkt? Wie hoch ist die
Auflage? Wer sind die Verantwortlichen in den Ressorts?

Einen sehr guten Überblick über den Markt bieten Handbücher und CDs
von Zimpel und Stamm. Kleiner Nachteil: Sie sind für eine sporadische

Nutzung zu teuer. Und: Obwohl Zimpel und Stamm halbjährlich aktualisiert wird, befindet er sich nicht immer auf dem neuesten Stand. Darüber hinaus existieren einige Handbücher für Journalisten, die meist den Nachteil haben, dass sie recht oberflächlich angelegt sind und selten aktuell. Auch die Recherche in einigen kostenfreien Internetangeboten lohnt, wobei es derzeit keines gibt, das wirklich einen kompletten Überblick bietet.

Nur den Namen und das Thema einer Zeitschrift zu kennen, reicht für eine zielgruppengenaue Ansprache nicht aus. Wenn Sie dabei sind, einen Verteiler für die Zweitverwertung in Tageszeitungen zusammenzustellen, mag es genügen, das Ressort und den Ansprechpartner zu kennen. Möchten Sie dagegen neue Dauerkunden gewinnen, sollten Sie gezielter herangehen und sich möglichst viele und möglichst detaillierte Informationen beschaffen – etwa mithilfe der Internetseite. Doch leider sind auf vielen Websites die Verantwortlichen nicht verzeichnet, weist das Impressum lediglich auf eine »Redaktion«, nicht aber auf die einzelnen Ressorts hin. Wenn zudem die Website nicht ausreichend Auskunft über die redaktionelle Ausrichtung und Inhalte gibt, empfiehlt es sich, eine Probe zu ordern. Viele Verlage verschicken kostenlose Ansichtsexemplare, oft ist sogar eine Bestellung über das Internet möglich. Bestellen Sie jedoch nicht gleich ein Abonnement (Seitenbeschreibung genau lesen).

Für zahlreiche Themengebiete hält der Buchhandel darüber hinaus spezielle Taschenbücher bereit, etwa das »Taschenbuch für die Touristikpresse« vom Kroll-Verlag.

Immer einen Klick wert ist zudem die Website von Kress-Report und Kontakter. Hier erfahren Sie auch alles über neue Gründungsvorhaben. Halten Sie Augen und Ohren auf: Die Arbeit für eine Entwicklungsredaktion kann ein Eintrittsticket sein. Überhaupt haben Sie einen Heimvorteil, wenn Sie irgendwo von Anfang an dabei sein können und zu den Pionieren gehören.

Web-Adressen (Print und Online)

- *www.zimpel.de*: Der Marktführer hält eine umfassende Übersicht von Presseadressen bereit, bietet Themenpläne und mehr. Grundwerk Zeitungen ab 127 Euro, Zeitschriften ab 163 Euro. Internet ab 970 Euro zzgl. Gebühren für das Abo mit Aktualisierungen.

- *www.stamm.de*: Seit 1947 gibt es den Stamm: Auch mit diesem Handbuch können Sie in mehr als 40.000 nationalen Adressen recherchieren – auch über eine Internet-Datenbank. Kosten: Stamm Medienhandbuch, 120 Euro, CD-ROM ab 135 Euro, Internet: ab 525 Euro für den Einzelplatz zzgl. Gebühren für das Abo.

- *www.fachzeitung.com*: Nicht vollständig, aber allemal eine gute Übersicht, auch über exotische Blätter.

Medien-Adressen-Verzeichnisse für Journalisten

- Dorothée Berendes: Top Medien. Die wichtigsten Adressen und ihre Ansprechpartner. Baden-Baden 2003

- Jens M. Kroll und Olaf Kroll: Taschenbuch für die Touristik-presse, Kroll-Verlag

- Aus dem Kroll-Verlag gibt es z.B. noch: Taschenbuch für die Informations- und Kommunikationstechnik, Taschenbuch Wirtschaftspresse und das Presse-Taschenbuch Wirtschaft+ Bildung. Eine Übersicht unter *www.kroll-verlag.de*

14.2 Aufbau einer Auftraggeber-Datei

Die ersten drei, vier Gespräche bleiben Ihnen sicher noch lange in lebhafter Erinnerung. Doch dann wird diese mehr und mehr verblassen. Wann habe ich noch mal angerufen? Mit wem habe ich gesprochen? Was war abgemacht? Was waren die Wünsche des Redakteurs an ein Manuskript? Ist eine Rechnungsstellung nötig oder schickt der Verlag automatisch einen Avis? Sollte ich nun Zwischenüberschriften einbauen oder bei diesem Auftraggeber gerade nicht, weil er es lieber selber macht.

Informationen dieser Art sammeln Sie idealerweise in einer Excel-Tabelle oder einer Datenbank wie Access. Langfristig behalten Sie auf diese Art und Weise einen Top-Überblick. Sie können auch ein Wiedervorlagesystem einbauen: Wann habe ich mit meinem »Kontakt« telefoniert? Was waren die Ergebnisse? Das ist professionell und kommt auch bei Ihrem Auftraggeber gut an. Rufen Sie auch dann immer mal wieder an, wenn Ihre Gespräche bisher kein konkretes Ergebnis gezeitigt haben. Die Bereitschaft, mit Ihnen zu sprechen, signalisiert oft schon Interesse. Manche Redakteure brauchen eine gewisse Anlaufzeit und müssen erst Vertrauen aufbauen. Der Journalist Carl sagt dazu aus: »Ich hatte meine Themen immer wieder angeboten, einige Zeitungen veröffentlichten nie was. Trotzdem habe ich immer wieder angerufen und nachgefragt: Besteht noch Interesse? Waren die Themen interessant? Meist hat mein Gegenüber dies bejaht, aber schob irgendeinen Grund vor, warum ich den Zuschlag dies Mal nicht erhalten hatte. Mal war das Thema schon gelaufen, mal war einfach kein Platz. Nach über einem Jahr am Ball bleiben, hat es bei vielen Zeitungen dann aber doch geklappt. Von vielen, die sich anfänglich zurückhaltend zeigten, bekomme ich heute regelmäßig Aufträge.«

Die Gründe für solche Hinhaltetaktik sind vielfältig. Tatsächlich gibt es einige Redakteure, die einfach mal »gucken« möchten, welche Themen aktuell sind und ob Sie auch an alles gedacht haben. Andere zögern, weil Sie sich nicht sicher sind, ob der Bewerber gute Arbeit leistet (obwohl die Arbeitsproben ja überzeugen sollten...). Eine dritte Gruppe hat die vorgeschlagenen Themen wirklich schon gebracht oder tatsächlich keinen Platz. Andere Autoren, die länger dabei sind, werden hier erst mal bevorzugt.

Am Ball bleiben lohnt sich in all diesen Fällen – so lange Sie mit Ihren Anrufen nicht nerven und den Redakteur durch telefonische Belagerung unter Druck setzen. Die richtige Balance entscheidet. Deshalb ist es auch gut, jedes Gespräch mit einer Verabredung abzuschließen: »Wann darf ich mich wieder bei Ihnen melden?« Den vereinbarten Termin legen Sie sich auf Wiedervorlage-Erinnerung, z.B. in Outlook.

14.3 Themen vorschlagen, die einschlagen

Klauen die meine Themen denn nicht? Gerade Einsteiger oder frisch gebackene Freiberufler fürchten sich vor Themenklau. Dabei ist es ohne konkrete Ideen in der Hand sehr schwer, Fuß zu fassen. Mit der Frage »Suchen Sie freie Mitarbeiter?« provozieren Sie meist ein »nein, wir haben unseren festen Stamm.« Einer positiven Antwort (»oh ja«) folgt oft ein Einsatz auf Aushilfsarbeiter-Niveau, nämlich in der Redaktion selbst. Wer sein eigenes Geschäft aufbauen will, dürfte an solchen Tätigkeiten nur zeitweise interessiert sein. Letztendlich hindern sie am Aufbau eines differenzierten Auftraggeberstammes.

Themenideen müssen raus. Möglichst gut sollen sie sein. Und möglichst nicht von jemand anderem realisiert werden können. Es muss klar oder relativ sicher sein, dass Sie den Zuschlag bekommen: Weil Sie die guten Kontakte haben, sich auskennen und wissen, wie sie an Informationen kommen, kurz, weil sie der Experte sind. Auch wenn Sie dieses Wort nicht mögen, weil damit viel Schindluder getrieben wird: Wenn Sie wirklich auf breiterer Basis Erfolg haben wollen, müssen Sie für Ihr Themengebiet der Mann oder die Frau der Wahl sein. Es sollte möglichst wenig Wettbewerber neben Ihnen geben. Und möglichst wenig, die sich ähnlich gut auskennen.

Sonst kann es Ihnen tatsächlich leicht passieren, dass Sie Ihre Idee in der nächsten Ausgabe von einem anderen realisiert wieder finden. Niemand kann jetzt nachweisen, wer die Henne und was das Ei war. Und selbst wenn: Was hätten Sie davon?

Doch wie präsentieren Sie sich als Experte für ein Thema? Zunächst einmal, indem Sie zeigen, dass Sie Fachmann sind. Sie haben eine Geschichte bereits anrecherchiert (und sei es nur mit einem Telefonat oder durch das Lesen eines anderen Artikels). Sie haben eine ganz klare Vorstellung von der Realisierung, wissen genau, wen Sie ansprechen müssen. Das bringen Sie mit dem Themenvorschlag rüber. Idealerweise können Sie Ihre Kompetenz auch belegen, doch das muss nicht unbedingt sein. Wichtiger ist, dass Sie überzeugend auftreten.

Am besten schon am Telefon, denn dies ist die Art der Kontaktaufnahme, mit der Sie am ehesten Erfolg haben werden. Ihr Gegenüber ist zu einer Antwort »gezwungen« – bei einer E-Mail nicht. Außerdem können Sie den Dialog lenken und Strategien ändern, falls Sie sich im Gespräch als falsch erweisen. Mit einer E-Mail dagegen fischen Sie im Trüben. Wenn Sie den falschen Ton treffen, haben Sie verloren und keine Chance mehr, neu anzuknüpfen.

Bereiten Sie sich gut auf das erste Gespräch vor: Lesen Sie die Zeitschrift, an deren Redaktion Sie sich wenden möchten, ganz genau. Dabei sollten Sie folgende Fragen möglichst vor dem Anruf klären:

Checkliste: Der erste Telefonkontakt

- Wer ist der Ansprechpartner?

- Welche Ressorts gibt es?

- Welche Philosophie hat die Zeitung?

- Sind »people«, Menschen, in den Geschichten wichtig? Geht es darum, ein Thema aus möglichst verschiedenen Sichtweisen zu beleuchten? Dominiert Text oder dominiert Bild? Wo sind die Akzente, mit denen sich diese Zeitschrift offensichtlich von den anderen abgrenzen möchte?

- Welche Themen sind in den letzten Ausgaben gelaufen?

- Welche Themen könnten hineinpassen, sind aber noch unbearbeitet?

- Gibt es Stammautoren für bestimmte Bereiche? Wenn ja, welchen Grund könnte es geben, einen anderen »Experten« heranzuziehen?

- Gab es einen Relaunch oder ist dieser geplant? Mit welchem Ziel?

Je besser Sie vorbereitet sind, desto besser können Sie ein Thema auch verkaufen. Peinlich, wenn Sie etwas vorschlagen, das bereits in der letzten Ausgabe »gelaufen« ist. Am besten haben Sie auch einen Trumpf im Ärmel, den die Redaktion nicht hat. Das kann Insiderwissen sein, der Kontakt zu einem Experten (dessen Namen Sie nicht nennen), zu einem VIP oder zu einer Person, die bereit ist, ihre (Lebens-)Geschichte zu erzählen.

Halten Sie grundsätzlich mehr als ein Thema in Ihrem Repertoire bereit, am besten zwei bis drei. Tragen Sie Ihre wichtigste Idee vor, und reagieren Sie individuell je nach Gespräch. Zücken Sie weitere Ideen nur, wenn die erste nicht so gut angekommen ist. Schlagen Sie anschließend vor, dass Sie ein kurzes Exposé einreichen (wenn etwas auf Interesse stößt) oder gerne einen Themenplan mit weiteren Ideen liefern. Schreiben Sie dabei so verständlich wie möglich und stets aus der Sicht der Zielgruppe, in dem Fall der Leser. Gehen Sie nie davon aus, dass sehr viel Hintergrundwissen in den Redaktionen selbst vorhanden ist. Gerade Redakteure von Zeitschriften schreiben selbst oft wenig und sind nicht auf allen Gebieten so firm wie Sie.

Stellen Sie zudem die Aspekte heraus, die für den Leser interessant sind. Dabei sollten Sie sich wiederum an den Bedürfnissen der Maslowschen Pyramide orientieren. Von allgemeinem Interesse ist demnach:

- alles, was zu mehr Lebensqualität verhilft

- alles, was neu ist oder anders
- alles, was private Probleme zu erklären versucht und Lösungen bietet
- alles, was mit Menschen zu tun hat.

Warten Sie daraufhin nicht lange, denn oft ist so ein Anrufer wie Sie es sind schon am nächsten Tag wieder vergessen. Für Sie war das Gespräch wichtig, Sie waren wahrscheinlich etwas aufgeregt und hoch erfreut, auf Interesse gestoßen zu sein.

Sie erinnern sich vermutlich an jedes Detail. Für den Redakteur sind Sie jedoch nur einer von vielen. Womöglich kann er sich zwei Tage später nicht mehr an Sie erinnern. Daraus ergeben sich zwei Tipps: Reagieren Sie schnell. Versuchen Sie zudem schon im Gespräch »Anker« zu werfen, mithilfe derer Sie das Gesagte beim Gegenüber festmachen. Schildern Sie beispielsweise plakativ, woher Sie Ihre Erfahrungen haben und nutzen Sie dazu eine bildreiche Sprache.

Versuchen Sie ein Gespräch zu entwickeln, über das Wetter, einen gemeinsamen Bekannten, die Politik – sofern Ihr Gegenüber gerne reden möchte. Falls nicht, bedienen Sie seinen oder ihren Wunsch nach Kürze. Was auch immer: Wichtig ist erst einmal, dass überhaupt Kommunikation stattfindet, die über das Übliche hinausgeht und deshalb auch behalten wird. Haben Sie dann auch noch ein interessantes Thema und Know-how zu bieten, ist der erste Auftrag schon zum Greifen nahe.

Tipp: Blättern Sie noch einmal zurück und lesen Sie auch das Kapitel über die Zielgruppe!

14.4 Profil & Co: Das eigene Präsentationsmaterial vorbereiten

Alles hat geklappt, der erste Kontakt lief wunderbar. Doch nun will dieser ein Profil und Arbeitsproben haben. Ja, was ist denn das – ein Profil? Die meisten Journalisten sind überfordert und schicken einen Lebenslauf und zehn Megabyte an Referenzen.

Dabei ist es doch ganz einfach: Ein Profil ist eine an Kompetenzen orientierte Darstellung, die aufzeigt, in welchen Bereichen Ihre journalistischen Schwerpunkte liegen. Ein Profil ermöglicht es einem Auftraggeber, sich ganz schnell ein Bild von Ihnen zu machen. Vergessen Sie dazu strikte Lebenslauf-Chronologie: Zusammenfassende Angaben sind wesentlich hilfreicher: »mehr als xy Jahre Erfahrung in«, »Auftraggeber von .... bis«. Auch Ihre Themenschwerpunkte sollten aufgeführt sein. Und natürlich die besonderen Kompetenzen. Nicht zu vergessen auch die Ausbildung: Welcher Studienabschluss? Volontariat?

Folgende Rubriken machen in einem Journalisten-Profil Sinn:
- Persönliches
- Erfahrungen (»mehr als xy Jahre...«)
- Arbeitsschwerpunkte (z.B. Reportagen)
- Themenschwerpunkte
- Beruflicher Hintergrund
- Auftraggeber
- gegebenenfalls: Auszeichnungen

Wählen Sie Arbeitsproben zum Profil bewusst und mit Blick auf den Auftraggeber aus. Es geht nicht immer um Ihre Schreib-Kompetenzen, sondern viel häufiger um die Frage: Kann er/sie so schreiben, wie wir es brauchen? Suchen Sie also passende Texte aus – idealerweise nicht mehr als drei oder vier. Haben Sie eine Internetseite, so verweisen Sie zusätzlich darauf.

Selbstverständlich bieten sich auch kreative Möglichkeiten der Selbstdarstellung an. Warum als Sportjournalist nicht einfach eine Minizeitung mit Artikeln zu sich selbst und der eigenen Arbeit verfassen? Oder eine richtige Verkaufsbroschüre zur Selbstdarstellung. So ein Printerzeugnis lässt sich prima per PDF vertreiben und erweckt – wenn es gut gemacht ist – ganz sicher positive Aufmerksamkeit.

Ist Ihre Zielgruppe eine Firma, so ist mitunter der Flyer empfehlenswert, auf dem Sie Ihre Dienstleistung »verkaufen«. Beschreiben Sie werbewirksam, was Sie für das Unternehmen tun können und wie Sie als Text- oder PR-Agentur mehr Wirkung erzielen. Noch wichtiger als der Flyer ist hier aber die Terminabsprache! Kommt es zum persönlichen Treffen, sollten Sie unbedingt die Visitenkarte dabei haben.

Diese ist aber auch für alle anderen Journalisten Muss. Schreiben Sie auch hier Ihr Fachgebiet oder ein Motto auf die Karte. Verzichten Sie auf überflüssige Zugehörigkeitsbekundungen wie »Mitglied des DJV« oder »freier Journalist«. Dass Sie ein Freiberufler sind, ist ohnehin offensichtlich und interessiert sonst auch nur das Finanzamt. Solche immer noch sehr häufig zu lesenden Aussagen sind überflüssig wie ein Kropf. Viel wichtiger ist, dass man Sie thematisch einordnen kann. Nutzen Sie den kleinen Raum für wesentliche Aussagen wie »Texte und Moderationen rund um den Fußball«.

14.5   Wie Sie sich selbst positiv stimmen

Jutta fühlt sich als Mutter mit sporadischen Aufträgen von den Redakteuren nicht ernst genommen. »Jeder will mich doch im Preis drücken, nur weil er denkt, die hat nichts Besseres zu tun und Schreiben sei nur mein Hobby«, klagt sie. Da sie sich angegriffen und von der (Vollzeit) arbeitenden Bevölkerung abgelehnt fühlt, wagt sie sich erst gar nicht nach vorn. Dabei würde sie ihre freie Tätigkeit so gerne ausweiten.

Die negative Grundhaltung hindert sie, offensiv an den Ausbau ihres Geschäftes zu gehen. Da sie sich selbst »klein« fühlt, kann sie sich auch schlecht selbstbewusst und überzeugend präsentieren.

In einem solchen Fall ist es erst einmal wichtig, die Grundeinstellung zu überprüfen:

- Welche Reaktionen erwarte ich? Wovor habe ich eigentlich Angst?
- Was ist meine Grundüberzeugung beim Anruf? Was ist mein Glaubenssatz?
- Was lässt mich glauben, dass ein potenzieller Auftraggeber so auf mich reagiert? Habe ich konkrete Erfahrungen gemacht? Lassen sich diese belegen?
- Sind »wirkliche« Erfahrungen vorhanden: Können Sie dadurch auf das Verhalten von anderen schließen? Warum?

Versuchen Sie vor allem Ihren Glaubenssätzen auf den Grund zu gehen. So könnte die Angst vor dem Telefon auf folgendes zurückzuführen sein: »Ich bin nicht erfahren genug. Wenn ich anrufe und der andere hakt nach, merkt er wie wenig Erfahrung ich habe.« Hinterfragen Sie sich selbst – und widerlegen Sie Ihren Satz: Stimmt dieser Satz? Sind Sie wirklich zu wenig erfahren? Wo und wann haben Sie Erfahrungen gesammelt? Das sind doch viele! Allein diese Geschichte damals... so viel Erfahrung haben viele Redakteure nicht...

Ein weiteres Hilfsmittel, um negative Erfahrungen ins Positive überzuleiten, sind Umdeutungen. Dabei stellen Sie Erlebtes in einen neuen Rahmen, geben ihm einen anderen Sinnzusammenhang.

Beispiele:

- Ausgangssituation: 2011 haben Sie Ihren Job verloren und sind gezwungen, nun freiberuflich tätig zu werden.
- Umgedeutete Situation: Der Jobverlust 2011 war Anlass einen lang gehegten Traum – den von der Selbstständigkeit – in die Tat umzusetzen.
- Ausgangssituation: Sie waren beauftragt, einen Artikel zu liefern. Dieser wird jedoch nicht veröffentlicht, weil Ihr Auftraggeber mit dem Artikel nicht zufrieden ist. Sie sind frustriert.
- Umgedeutete Situation: Die Redaktion hatte ja recht mit ihrer Kritik. Der nicht veröffentlichte Artikel lässt Sie neue Maßstäbe an Ihre Arbeit anlegen (z.B. an eine akribischere Recherche)

Starten Sie frei von (gedanklichem) Ballast und Vorurteilen in Ihre Akquise. Je unbelasteter Sie herangehen, desto erfolgreicher werden Sie sein. Wenn Sie davon ausgehen, abgelehnt zu werden, werden Sie auch abgelehnt werden. Was natürlich nicht bedeutet, dass allein eine positive Grundhaltung schon Aufträge garantiert. Aber immerhin, sie ist eine gute Basis.

Gehen Sie positiv und konstruktiv mit Absagen um. Wenn Sie augenblicklich nicht gefragt sind, hat das nichts damit zu tun, dass Sie die Arbeit nicht ausfüllen könnten. Vielleicht ist in diesem Bereich einfach kein Bedarf da. Dann ist es doch prima, darüber informiert zu sein. Und zum nächsten Punkt überzugehen.

15 Gekonnt kommunizieren und Auftraggeber gewinnen

Nur ein kleiner Teil, 13 Prozent, Ihrer Wirkung in einem Telefongespräch wird durch Ihr bewusstes Auftreten bestimmt. Im persönlichen Kontakt sind es noch weniger: Ganze sieben Prozent werden vom Inhalt Ihrer Worte beeinflusst, der Rest verteilt sich auf Körperhaltung und Stimme. Das jedenfalls haben Wissenschaftler herausgefunden.

Daraus ergibt sich, dass Sie mehr Wert auf das Gesamtbild Ihres Auftretens legen sollten. Es ist wichtig, wie Sie etwas sagen – Worte sind nur die Basis, sozusagen die Grundausstattung. Schauspieler müssen lernen, auf zwölf verschiedene Art und Weisen »ja« zu sagen. Ein »ja« kann dabei wie ein »nein« klingen, es kann euphorisch, frustriert, gelangweilt, genervt oder begeistert klingen. Und dann gibt es noch die vielen, vielen Zwischentöne.

Was nun verleiht Worten diesen unterschiedlichen Ausdruck und diese vielen Bedeutungsvarianten und Nuancen? Da ist zum einen Ihre Stimme und Ihr stimmlicher Ausdruck: Wie klingen Sie? Ihre Stimme hat eine immense Spannweite. Sie kann in einer angespannten Situation hoch und piepsig, in einem entspannten Gespräch ruhig und tief klingen. Sie kann sich hektisch und ruhig, begeistert und gelangweilt anhören. Hinzu kommen Ihre Körperbewegungen, Ihre Gestik und Mimik. Was »sagt« Ihr Gesichtsausdruck, welche Sprache spricht Ihr Körper. Jemand, der scheinbar überzeugt »ja« sagt, aber dabei seinen Kopf auf den Knien aufstützt, widerspricht sich selbst, ohne ein einziges Wort zu sagen. Sie können nicht Engagement zeigen und dabei auf dem Stuhl sitzen, die Beine verkreuzt und dabei den einen Arm über die Lehne baumeln lassen.

Ihre Körpersprache, Ihr Gesichtsausdruck und Ihre Worte müssen zusammenpassen. Stellen Sie sich vor, wie verschiedene Linien nebeneinander laufen und sich treffen. Dort, wo die Linien auseinander driften, entsteht eine Lücke. Das Gegenüber merkt das oft nur durch »irgend so ein« Gefühl. Da ist etwas, »was nicht stimmt an dem«.

Sie müssen etwas tun, um beim Gegenüber anzukommen: Möglichst glaubwürdig und authentisch sein. Sie können nur schauspielern, wenn Sie dies geübt haben. Außerdem bleibt hinter jedem Schauspiel ein fader Nachgeschmack. Vielleicht wirken Sie zu perfekt. Oder kommen ganz anders rüber, als Sie dachten.

Selbst- und Fremdbild stimmen oft nur teilweise überein. Bei jedem Menschen gibt es einen so genannten »blinden Fleck« einen toten Winkel wie beim Auto fahren. Diesen toten Winkel können Sie nur einsehen, indem Sie den Kopf ganz bewusst zur Seite drehen und sich beobachten.

A Bereich freien Handelns mir und anderen bekannt	B Bereich des "Blinden Flecks" anderen bekannt
C Bereich des Verbergens nur mir bekannt	D Bereich des Unbewussten mir und anderen nicht bekannt

Das Johari-Fenster, entwickelt von Joseph and Harry Ingham, zeigt den blinden Fleck – den Bereich von Ihnen, den nur andere sehen können.

15.1 Kommunikationspsychologie: Die Quadratur der Nachricht

Kommunikation ist das Senden und Empfangen von Botschaften. Dabei gehen diese Botschaften verschiedene Wege und nicht immer den, den sie aus Empfängersicht gehen sollten. Das bedeutet: Was Sie aussenden, kann bei Ihrem Gegenüber verzerrt ankommen.

In jeder Wort-Nachricht schwingen Emotionen, Einstellungen und Haltungen sowie Wünsche mit. Neben dem rein sachlichen Inhalt beinhaltet jede Nachricht immer auch ein Stück Selbstoffenbarung und einen Appell. Auch ein Hinweis auf die Beziehung zum Empfänger ist stets zu finden. Selbst zu einem bisher unbekannten Redakteur entsteht im Moment der Kontaktaufnahme eine Beziehung. Überall wo Menschen aufeinander treffen, besteht deshalb eine Beziehungsgeflecht, gibt es intakte und gestörte, innige oder lockere Beziehungen.

Aufgrund der vier Komponenten der Nachricht spricht der Hamburger Kommunikationspsychologe Friedemann Schulz von Thun von der »Quadratur der Nachricht.« Ein Beispiel: Wenn Sie zu einem Freund sagen »Schön, dass Du endlich da bist«, geben Sie mit dieser Nachricht auch Auskunft über sich selbst: »Ich freue mich, dass Du da bist.« Auch ein Appell liegt in dieser Botschaft, vielleicht ein »Bitte bleib bei mir.« Schlussendlich steckt eine Beziehung in den Worten: Vielleicht haben Sie sich als alte Freunde lange nicht gesehen. Möglich, dass Sie sich als frisch verliebtes Paar sich erst gestern Abend verabschiedet haben. Eine gestörte Beziehung kann von den exakt gleichen Worten getragen sein. Dann liegt der Akzent anders, die Betonung auf einem unausgesprochenen »endlich«. Zwischen den Zeilen gesprochen, wird folgender Satz übermittelt: »Na schön, dass Du endlich da bist, wurde aber auch Zeit.«

Erfolgreich kommunizieren bedeutet auch, nicht nur den Sachinhalt einer Nachricht zu erfassen, sondern auch Selbstauskunft, Appell und Beziehungsaspekt zu übermitteln. Horchen Sie in sich selbst hinein: Auch Sie als »Sender« filtern Informationen und »hören« nur bestimmte Komponenten. So gibt es Menschen, die sich gerne auf die Sachebene berufen.

Beispiel: Ein Gesprächspartner fordert Sie auf, Arbeitsproben und Lebenslauf zu schicken und verspricht, sich bald zu melden. Auf die Bewerbung erfolgt jedoch keine Reaktion.

»Aber er hat doch gesagt...« Mit solchen Sätzen schieben Menschen Zwischentöne beiseite, etwa die Tatsache, dass für den Gesprächspartner die Aussage gleichbedeutend war mit: »Ach, lass mich doch in Ruhe.« Andere Möglichkeit: Der Gesprächspartner hatte in dem Moment der Aussage durchaus vor, sich zu melden, es aber dann doch vergessen. Unterschwellig geht er davon aus, dass sich der Bewerber wieder meldet, wenn er Interesse haben sollte. Und schließt für sich selbst: »Wenn nicht, kann das Interesse an einer Zusammenarbeit nicht so groß sein«.

Der Journalist aber zieht sich auf die Versicherung zurück und wartet. Irgendwann gibt er es auf und legt seine Bewerbung zu den Akten. »Dann hat er mir wohl etwas vorgemacht und es besteht doch kein Interesse.« Oder: »Wahrscheinlich haben ihm meine Unterlagen einfach nicht zugesagt.« So gesehen, eine verspielte Job-Chance.

Allzu leicht können sich Kommunikationspartner missverstehen. Oft scheitert eine erfolgreiche Kommunikation schon allein daran, dass nur eine der verschiedenen Ebenen wahrgenommen wird. Dabei gibt es Menschen, die nur das hören, was nicht gesagt worden ist.

Beispiel: »Also, der hat zwar gesagt, ich soll meine Unterlagen schicken, aber ich habe gleich gemerkt, dass er mich damit nur loswerden wollte. Um endlich Ruhe zu haben. Ich bin doch nur eine Hausfrau, so was denken doch alle. Eine Hausfrau, die ein bisschen schreiben will. Mich nimmt keiner ernst. Aber offen sagen will das auch keiner.«

Ob solche Annahmen geäußert oder einfach nur gedacht werden, sie sind in jedem Fall schädlich für die Kommunikation und dürften den Erfolg der Akquise behindern. Was lässt sie annehmen, dass der Gesprächspartner das meinte? Einige werden antworten: »Meine Intuition.« Doch ist das wirklich Intuition oder kommt die Einschätzung der Situation nicht vielmehr aus einem selbst heraus? So, wie jeder Sender auf verschiedenen Kanälen hört (und sieht), so tut dies auch der Empfänger. Ist die Antenne in eine bestimmte Richtung gedreht, können bestimmte Botschaften nur noch als aus einer Richtung kommend aufgenommen werden.

Was Sie gegen solche einseitige Wahrnehmung tun können? Erst einmal sollten Sie sich beobachten. Menschen, denen in Gesprächssituationen immer dasselbe passiert, sind meist auch in eine bestimmte Richtung gepolt. »Ich habe es so schwer, weil ich keinen Universitätsabschluss habe«, meint beispielsweise Michael. In jedem Gespräch sucht er seine nicht-akademische Herkunft zu verleugnen. Jede Ablehnung führt er darauf zurück, dass er nicht studiert hat. Dass das Unsinn ist, glaubt er nicht, weil es seiner Meinung nach genug Indizien für seine Überzeugung gibt. Bei Michael ist nur ein »Ohr« offen, auf allen anderen ist er taub. Da er so sehr auf seinen vermeintlichen »Makel« fixiert ist, sendet er dann auch die Botschaft aus, dass etwas mit ihm nicht stimmt. In Vorstellungsgesprächen verteidigt er sich nur, anstatt seine Vorzüge zu betonen. So geschieht es schließlich tatsächlich, dass er wegen seines abgebrochenen Studiums eine Absage bekommt.

Jeder Mensch hat nicht nur einen eigenen Kommunikationsstil, sondern auch eine eigene Art und Weise, Botschaften zu interpretieren und zu verstehen – Kommunikationsmuster. Dass manchen Menschen immer wieder die gleichen Dinge passieren, hat vor allem damit zu tun.

Checkliste: Wie Sie verständliche Botschaften aussenden

Was aber tun zur besseren Verständigung? Wie kann ich vermeiden, an dem anderen vorbeizureden? Und wie kann ich mich selbst in den Griff bekommen, damit ich Aussagen nicht immer nach meinem mir eigenen Modell interpretiere und vielleicht missverstehe?

Schulz von Thun hat in seinem »Hamburger Verständlichkeitsmodell« die wesentlichen Punkte erfolgreicher Kommunikation formuliert:

- **Kürze und Prägnanz:** Eine Botschaft muss überschaubar sein, um verstanden werden zu können.

- **Gliederung und Ordnung:** Das, was Sie sagen, muss wohl strukturiert sein.

- **Einfachheit:** Sich einfach ausdrücken, erhöht die Chance beim Gegenüber anzukommen.

- **Anregende Zusätze:** Das können assoziative Bilder sein oder eine Untermalung des Gesagten durch aktive Körpersprache. Je mehr Sie Gesagtes nonverbal unterstreichen, desto besser machen Sie sich verständlich.

15.2 Mit positiver Grundeinstellung sind Sie erfolgreicher

Wie Sie sich positiv stimmen, haben Sie schon erfahren. Doch manchmal ist es gar nicht so einfach und widerspricht der inneren Haltung. Nach Thomas A. Harris, dessen Buch »Ich bin OK, Du bist OK« schon seit den 70er Jahren Kultstatus hat, existieren vier verschiedene Kommunikationshaltungen:

- **Ich bin OK, Du bist OK:** Die optimale Formel für Erfolg im Leben. Menschen mit dieser Einstellung gehen offen und unvorbelastet auf andere zu. Auf Ablehnung und unfreundliches Verhalten kontern sie nicht durch Selbstzweifel, stempeln ihr Gegenüber auch nicht als Bösewicht ab oder unterstellen ihm, dass er etwas gegen sie hat. Alles wird positiv interpretiert: »Vielleicht hat er einfach einen schlechten Tag.«

- **Ich bin OK, Du bist nicht OK:** Mit dieser Grundhaltung gehen Sie davon aus, dass andere Ihnen übel mitspielen wollen. Sie denken, Ihre Mitmenschen müssten geführt und angeleitet werden, trauen Ihnen keine eigenen Entscheidungen zu, fühlen sich selbst als Opfer. Kritik zu ertragen dürfte Ihnen schwer fallen.

- **Ich bin nicht OK, Du bist OK:** Menschen ohne Selbstbewusstsein, die sich gegenüber anderen klein und nichtig fühlen, verkörpern diese Grundhaltung. Eine sehr schlechte Voraussetzung für einen Akquise-Erfolg.

- **Ich bin nicht OK, Du bist nicht OK:** Diese Ach-die-Welt-ist-schlecht-Typen werden von einer depressiv-negativen Haltung getragen, die es nahezu unmöglich macht, mutige Schritte nach vorn zu gehen.

Sich die eigene Haltung bewusst zu machen, kann sehr viel dazu beitragen, diese zu ändern. Warum glauben Sie, dass Sie nichts leisten können? Aus welchem Grund schieben Sie jede Ablehnung auf Ihr Nicht-Können? Gibt es reale Indizien? Oder sind diese durch Ihre Haltung provoziert?

Gehen Sie unbelastet und unvoreingenommen in Gespräche herein. Lassen Sie sich auch nicht von anderen einschüchtern. »Der würgt dich direkt am Telefon ab, ein arrogantes Arsch« – mit solchen nett gemeinten Vorwarnungen von Freunden und Bekannten kommen Sie nicht weiter, wenn Sie diese aufnehmen und mit solchen Bemerkungen im Hinterkopf in die Akquise gehen.

Es kann durchaus sein, dass das »arrogante Arsch« auf Sie ganz anders reagiert. Vielleicht befand er sich einfach nur unter Druck, als er Ihren Bekannten abgewimmelt hat. Vielleicht hat die wenig geschickte Art Ihres Bekannten sein Verhalten provoziert... Streichen Sie alle »Vorurteile« aus Ihrem Kopf und gehen Sie positiv in das Gespräch. Sie sind OK, und alle anderen sind es auch.

15.3   Gut zuhören, richtige Fragen stellen

Gespräche können ganz unterschiedlich verlaufen, je nachdem, wer an ihnen beteiligt ist. Da gibt es diejenigen, die stets ihre eigenen Geschichten loswerden möchten, die immer den richtigen Moment abpassen, ihre Story loszuwerden. »Bei mir war es genau so, ganz ähnlich. Damals...« Solche Menschen lauern geradezu auf den richtigen Moment, lassen den anderen kaum ausreden. Diese Menschen sind auch nicht wirklich an ihrem Gegenüber interessiert, sondern sind mehr damit beschäftigt, überall Parallelen zu ziehen. Sie verhindern, dass ein richtiges Gespräch entstehen kann, das Zuhören möglich ist. Kurzum: Sie sollten vermeiden, Ihre eigenen Geschichten überdominieren zu lassen und den anderen unter den Tisch zu reden.

Nun geschieht es nicht selten, dass Sie selbst solchen redebegeisterten Menschen begegnen. Sollte einer der Redakteure, für die Sie arbeiten möchten, einen derart erhöhten Mitteilungsdrang haben, dass er Sie nicht zu Wort kommen lässt, sollten Sie Ihren missionarischen Eifer beiseite legen und ihn in seinem Eifer bestätigen. »Interessante Geschichte.« Oder: »Genau so, da gibt es ja wirklich viele Parallelen zwischen uns beiden«.

Sie selbst jedoch sollten sich lieber auf das »aktive Zuhören« verlegen. Das ist eine Form der Gesprächsführung, die auch in der klassischen Gesprächstherapie von Carl Rogers angewendet wird. Der Psychologe Rogers hatte entdeckt, dass seine Patienten auf gute Ratschläge nicht ansprangen. Viel besser ging es ihnen aber, wenn er den Patienten zuhörte, sie im Gesagten bekräftigte, aber letztendlich zu ihrer eigenen Erkenntnis kommen ließ.

Nun sind Sie nicht der Therapeut Ihrer Auftraggeber, doch die Regeln guter Gespräche lassen sich durchaus auf andere Situationen übertragen. Ihr Gegenüber, egal in welcher Situation, ob privat oder beruflich, fühlt sich durch aktives Zuhören grundsätzlich besser verstanden. Was aber bedeutet das konkret für Ihr Kommunikationsverhalten? Erstens: Nehmen Sie alles auf, was gesagt wird und bestätigen Sie verbal oder nonverbal, dass Sie verstanden haben. Fassen Sie zusammen und fragen Sie nach, wo Sie sich nicht sicher sind: »Habe ich Sie richtig verstanden, dass...?«

In der konkreten Akquise-Situation sollten Sie natürlich nicht nur zuhören, sonst verpassen Sie womöglich Ihre Chance auf den Job. Sie sollten aber genau Hinhören, wenn der andere redet. Heißt: Ihn nicht unterbrechen, sofort nachfragen, wenn Sie sich bei einer Aussage nicht sicher sind, hier und da zusammenfassen und das Gesagte wiederholen.

15.4   Outfit

Kleidung spielt kaum eine Rolle in einem persönlichen Gespräch – so lange sie nicht den Eindruck dominiert. Sie sollten sich deshalb in einem Vorstellungsgespräch dezent kleiden, möglichst keine großen Muster und auffälligen Schmuck tragen. Lassen Sie lieber sich selbst wirken.

Genauso gut können Sie Äußerlichkeiten ganz bewusst einsetzen. In bestimmten Kreisen kann es »in« sein, in sehr legerem Outfit aufzutreten. In anderen gehören Jeans und T-Shirt zur Arbeitskleidung. Erscheinen Sie im Abenddress zum persönlichen Kennenlern-Gespräch, erwecken Sie möglicherweise falsche Vorstellungen, auch wenn Sie damit gerechnet haben, dass man Sie zum Essen einlädt.

Psychologisch geschulte Menschen kommen oft ganz bewusst in neutraler Kleidung zu Gesprächen mit Neu-Klienten. Sie wollen möglichst wenig durch Kleidung wirken, nicht beeinflussen und durch Äußeres einen (mit-) bestimmten Eindruck erzeugen.

Ob auch Sie auf Neutralität setzen, ist Ihrer eigenen Marketingstrategie überlassen. Sie können sich entscheiden, stets in Ihrem eigenen Look zu erscheinen und diesen damit zum Markenzeichen zu machen. Dann braucht es Sie nicht zu interessieren, wie die anderen gekleidet sind. Gleichzeitig müssen Sie sich darüber im Klaren sein, dass die »Marke Ich«, die Sie verkörpern, auch einen Modetyp widerspiegelt.

Sie können sich neutral geben und wie ein Chamäleon die Farbe der Umgebung anpassen. Auch das kann zum Selbstmarketing gehören: Hier wirken Sie durch äußere Angepasstheit und geben Ihren Worten gleichzeitig mehr Gewicht.

15.5   Telefontraining: Im Dialog überzeugen

Wie fange ich bloß an? Soll ich mich ausführlich vorstellen und mein Anliegen sofort auf den Tisch bringen? Oder mich lieber erst einmal ohne weitere Angaben zum Verantwortlichen durchfragen? Die ersten Worte sind immer die schwersten.

Dabei sind diese gar nicht so entscheidend. Jedenfalls nicht annähernd so entscheidend wie Ihr Auftreten. Ja, genau: Auch am Telefon treten Sie auf. Sie sprechen in einer bestimmten Art, haben ein tiefe oder hohe, weiche oder harte Stimme. Ihre Betonung kann klar akzentuiert sein, Sie können aber auch nuscheln. Und nicht zuletzt können Sie sympathisch, arrogant, schüchtern oder aufdringlich – kurzum auf ganz unterschiedliche Art und Weise – wirken.

Sie erinnern sich sicher: Nur 13 Prozent Ihrer Wirkung sind in einem Telefongespräch durch Ihre Worte bestimmt. Viel wichtiger ist also wiederum, wie Sie etwas zum Ausdruck bringen.

Dabei entscheiden vor allem die ersten Sekunden. Das schwierigste beim Telefonieren ist, das Interesse eines Kunden zu wecken, der vermutlich erst mal gar kein akutes Interesse hat. Das fällt natürlich erheblich leichter, wenn Sie bereits viel über Ihren Gesprächspartner wissen. Mit einem Anknüpfungspunkt kommen Sie leichter ins Gespräch. Dies kann ein Artikel sein, den Sie in der Zeitschrift gelesen haben oder auch ein gemeinsamer Bekannter.

Überprüfen Sie ständig, wie Sie beim Gegenüber ankommen. Wirkt er interessiert oder genervt? Passen Sie Ihre Strategie entsprechend an. Telefonprofis empfehlen zwar, vor jedem Gespräch einen Gesprächsleitfaden zu entwickeln, an dem Sie sich orientieren. Doch was passiert, wenn Sie sich zu starr an solche Vorgaben halten, wissen Sie wohl aus eigener Erfahrung. Schlechte Telefonverkäufer – und nichts anderes als ein Telefonverkäufer sind Sie in Ihrer Situation – rattern ohne Punkt und Komma einfach Ihr Programm herunter. Das führt auf der anderen Seite des Hörers nur zu Verärgerung und vielleicht sogar zum Abbruch des Gesprächs. Versuchen Sie, Ihre Punkte abzuhaken, aber nicht um jeden Preis. Wenn die Situation es erfordert, dann sollten Sie auch Ihr Verhalten und Ihre Strategie ändern.

Eine der Grundregeln für das erfolgreiche Telefonieren lautet: Immer freundlich bleiben. Manche Profis stellen sich einen Spiegel auf den Schreibtisch, um an jeder Stelle den Gesichtsausdruck zu überprüfen. Andere finden das albern: Sie können freundlich sein, auch ohne sich ständig selbst zu beobachten.

Wie ein guter Verkäufer sollten Sie im Gespräch überzeugen und nicht überreden. Lassen Sie immer Ihrem Gegenüber den Vortritt. Es ist seine freie Entscheidung, von Ihnen ein Exposé anzufordern oder Sie in die Kartei freier Mitarbeiter aufzunehmen.

Stellen Sie im Gespräch möglichst viele offene Fragen – Fragen also, auf die das Gegenüber nicht einfach mit ja oder nein antworten kann. Dadurch lassen Sie viel Raum für eine »freie« Gesprächsentwicklung. Außerdem ist es die beste Methode, um Informationen über die Redaktion zu sammeln. Ist diese unterbesetzt? Wie ist sie organisiert? Wer gibt den Ton an? Alles Hinweise, auf die Sie in den weiteren Kontakten aufbauen können.

Telefontrainer sagen, die meisten »Neins« seien nicht endgültig. Ein »Nein« wird also mit entsprechenden Einwänden gekontert. An diesem Punkt lautet die Empfehlung üblicherweise, sich in den Kunden hineinzuversetzen. Was empfindet dieser? Aus welcher persönlichen Lage heraus sagt er »nein«?

Wechseln Sie einfach die Perspektive und fragen Sie sich, was ihn zum Neinsagen bewogen hat und welche Argumente doch noch zu einem »Ja« oder zumindest einem »Ja, vielleicht« führen können.

Hier können konkrete Vorschläge helfen. Etwa: »Das kann ich gut verstehen, dass Sie derzeit keine neuen freien Mitarbeiter beschäftigen können. Aber vielleicht wäre es möglich, dass ich zu einem späteren Zeitpunkt auf Sie zukomme oder Ihnen dann und wann unverbindlich Themen vorschlage?«

Denken Sie dabei immer an das, was Ihr Gegenüber in dieser Situation empfinden könnte. Ist er genervt? Fühlt er sich überrumpelt? Dann nehmen Sie etwas von Ihrer »Power« zurück und schalten Sie einen Gang herunter.

Checkliste: Erfolgreiche Telefongespräche

Vorbereitung

- Telefonieren Sie nur, wenn Sie sich selbst gut fühlen und positiv gestimmt sind.
- Üben Sie vor einem Spiegel das Lächeln.
- Schalten Sie sämtliche Lärmquellen aus.
- Legen Sie Papier für Notizen bereit und Unterlagen, die Sie möglicherweise brauchen.
- Notieren Sie sich in Stichpunkten, was Sie sagen wollen (»Gesprächsleitfaden«)
- Bereiten Sie ein Kurzprofil vor: Wie stellen Sie sich vor? Präsentieren Sie sich auf eine Art und Weise, die Sie von anderen abhebt. Werden Sie dabei jedoch auf keinen Fall zu ausführlich. Orientieren Sie sich an Ihrer Unique Selling Proposition (USP)
- Erstellen Sie eine Liste mit Punkten, die Sie unbedingt klären möchten, z.B.: Welche Themen möchte ich anbieten?

- Überlegen Sie sich, was der Gesprächspartner antworten könnte und denken Sie sich aus, wie Sie möglicherweise reagieren. Erstellen Sie aber kein zu starres Raster.

Durchführung

- Erkundigen Sie sich erst danach, ob Ihr Gesprächspartner ausreichend Zeit für Sie hat.
- Stellen Sie sich kurz vor.
- Haken Sie in Ihrer Stichwortliste alle Punkte ab, die Sie mit Ihrem Gesprächspartner besprochen haben.
- Verwenden Sie den Namen Ihres Gesprächspartners so häufig wie möglich (»Wie soll ich Ihnen die Unterlagen schicken, Herr Müller?«). Nichts klingt so gut, wie der eigene Name.
- Notieren Sie sich kurz wichtige Ergebnisse und Fragen aus dem Gespräch.
- Geben Sie dem Gesprächspartner eine Rückmeldung und machen Sie eigene Vorschläge (Ja, das mache ich gerne. Wäre es möglich, dass ich Ihnen die Unterlagen auch persönlich vorbeibringe.«)
- Lassen Sie Ihren Gesprächspartner immer ausreden.
- Lächeln Sie am Telefon, der Gesprächspartner merkt das. Viele Telefonprofis stellen einen Spiegel vor sich auf.
- Bemühen Sie sich um eine deutliche Aussprache.
- Sprechen Sie nie zu schnell.
- Kommen Sie bald auf den Punkt.
- Halten Sie den anderen nicht mit Nebensächlichkeiten auf.
- Fassen Sie am Schluss die Ergebnisse des Gesprächs noch einmal zusammen. (»Habe ich Sie richtig verstanden, dass...«)

15.6 Telefonleitfaden

Vor allem wenn Sie unsicher am Telefon sind, sollten Sie sich entsprechend gut auf Ihr Gespräch vorbereiten. Dazu arbeiten Sie fünf Bausteine aus: Gesprächsziel, Selbstvorstellung, Aufhänger, Angebot und Antworten auf Einwände.

Ihr **Gesprächsziel** kann beispielsweise eine Terminvereinbarung sein. Sie können auch mit der Absicht telefonieren, am Ende eine Liste mit Vorschlägen schicken zu dürfen. Ihr Ziel kann auch lauten, erst einmal nur Informationen zu sammeln. Sie sollten sich über das Ziel aber unbedingt klar sein. Generell gilt: Wenn Sie sich um freie Mitarbeit oder dauerhafte Projekte bewerben, sollten Sie eher »auf Termin« gehen. Steht ein Themenangebot bei mehreren Zeitungen auf dem Plan, so könnte das Ziel lauten, Interesse für das Thema zu wecken und ein Exposé zu schicken.

Die **Selbstpräsentation** sollte kurz, aber prägnant sein und nicht mehr als drei bis vier Informationen enthalten. Sie kann ganz einfach sein etwa »Guten Tag, Redaktionsbüro Ballgeflüster, mein Name ist Lars Köppler« oder erklärend wie »Maria Goll, Journalistin und Expertin für Gesundheitsthemen.«

Ihr **Aufhänger (Teaser)** sollte nach dem AIDA-Prinzip funktionieren. Das bedeutet: Er sollte Attention/Aufmerksamkeit wecken, Interest/Interesse auslösen, Desire/Wunsch auslösen (mehr über Ihr Thema zu erfahren) und in Action/Handlung münden – etwa der aktiven Anforderung Ihres Textes durch den Redakteur. Das schaffen Sie in der Regel nur, indem Sie Ihr Thema oder sich selbst möglichst prägnant und auch mit einer geschickten Dramaturgie verkaufen. Ideal, wenn Sie auf eine Empfehlung zurückgreifen und Sie einen konkreten Namen nennen – dies ist oft Teaser genug.

Wenn Sie »kalt« akquirieren, also ohne sich auf einen Kontakt zu berufen, ist der Aufhänger schon schwerer zu finden: Greifen Sie einen aktuellen Zusammenhang auf (»haben Sie schon gelesen, dass...«) oder etwas, mit dem sich Ihr Gesprächspartner sofort identifizieren kann. (»ist meine Information richtig, dass Ihr Magazin künftig mehr Servicethemen anbieten will?«).

Auch über Ihr **Angebot** sollten Sie sich im Klaren sein. Ist es der Vorschlag sich zu treffen, um Möglichkeiten der Zusammenarbeit zu eruieren? Beinhaltet es eine Liste mit Themenvorschlägen, ein konkreter Artikel oder ein Exposé?

Machen Sie sich mögliche **Einwände** bewusst. Oft reduzieren diese sich auf zwei Aussagen: kein Interesse oder keine finanziellen Mittel. Das Interesse sollten Sie immer weiter hinterfragen. Bezieht es sich auf das Thema? An welchen Themen besteht denn Interesse? Was können Sie Ihrerseits tun, um Interesse zu wecken? Ist Geld der vorgeschobene Ablehnungsgrund, so gilt die Regel, dass meist doch etwas vorhanden ist. Jammern Sie gemeinsam mit Ihrem Gesprächspartner über leere Kassen oder den Rückgang des Anzeigengeschäfts. Weisen Sie aber unarrogant darauf hin, dass ohne Investitionen auch kein Gewinn möglich ist. Fragen Sie, ob der Ausgabenstopp zeitweise gilt und ob mit einer Änderung zu rechnen ist. Möglicherweise können Sie es dann ja noch einmal versuchen? Treffen Sie eine Vereinbarung.

Vergessen Sie am Ende nicht, Ihr Gesprächsergebnis zusammenzufassen. Schicken Sie bei Terminvereinbarungen immer noch einmal eine E-Mail hinterher. Bedanken Sie immer im Anschluss für das Gespräch.

Und noch etwas Wichtiges zum Schluss: Betrachten Sie Ihre Akquise wie ein Golfspiel. Es ist selten, dass der erste Zug zum Treffer führt, oft müssen Sie den Ball schlagen, noch mal ansetzen, neu losrollen lassen, noch mal korrigieren … usw. Einmalige Anrufe reichen nicht aus! Einmalige Anrufe sind keine Akquise! Erst wenn Sie ein ein klares »Nein« oder »Ja« hören, ist Ihr Projekt beendet.

Checkliste: Telefonleitfaden

- Planen Sie Gesprächsziel, Ihre Selbstpräsentation, Aufhänger und Angebot.

- Legen Sie sich Formulierungen für die einzelnen Bausteine zurecht. Lernen Sie diese. Achten Sie dabei darauf, möglichst wenig »Ich« und möglichst viel »Sie« zu sagen (also besser nicht »Ich schicke Ihnen das gerne zu«, sondern »Sie erhalten heute noch«).

- Überlegen Sie sich, was Sie auf mögliche Einwände sagen.

- Fragen Sie soviel wie möglich. Je mehr Sie vom anderen erfahren, desto besser für Sie. Außerdem fühlt sich der Gesprächspartner dann ernst genommen.

- Fassen Sie Gesprächsergebnisse mündlich zusammen.

- Schicken Sie am Ende eine E-Mail, in der Sie sich für das Gespräch bedanken bzw. den Termin noch einmal schriftlich fixieren.

- Verändern Sie Ihren Gesprächsleitfaden mit den gemachten Erfahrungen.

15.7 Gefunden werden: Akquisition andersherum

Es ist ein bequemer und einfacher Weg: Ein Inserat schalten und abwarten, was und wer kommt. Kein Zittern am Telefon, keine Selbstüberwindung: Der Kunde – er meldet sich freiwillig bei Ihnen. So schön ist die Theorie. In der Praxis brauchen Sie sich einfach nur die Marktsituation vor Augen zu halten.

Und die sieht so aus: Es gibt genug Journalisten. In den meisten Redaktionen wird vielleicht zeitweise aktiv ein Freelancer gesucht. Doch der ist durch Mundpropaganda auch schnell gefunden. Kaum jemand blickt in die Zeitungen und Zeitschriften, um eine Honorarkraft oder einen Schreiber für ein bestimmtes Thema zu finden, wenn gleichzeitig genügend Leute vor der Tür stehen. Zumal die Chance, in einer Tageszeitung überhaupt einen Kandidaten zu finden, der dem akuten Bedarf entspricht, schon mehr als gering ist. Da ist zu viel Streuung, weil die Umgebung ein gemischtes Publikum anspricht.

Anders ist es in Fach- und Branchenmagazinen. Ein Gesuch im »Journalist«, dem Organ das Deutschen Journalisten Verbands (DJV), erreicht nur die Zielgruppe in den Redaktionen und kann deshalb durchaus erfolgreich sein. Auch auf Seiten wie *Journalismus.com* können Sie Auftraggeber mit einem Gesuch ansprechen. Die Resonanz kommt hier meist jedoch nicht von Stern und Spiegel, sondern in der Regel von Agenturen oder kleineren Fachpublikationen. Und leider in den letzten Jahren sehr häufig auch von »Arbeitgebern«, die sogar nichts zahlen wollen.

Auch auf Online-Jobportale sollten Sie nicht allzu viel Energie verschwenden. Hier gilt Ähnliches wie für Zeitungen: Der Streueffekt ist zu groß, die Wahrscheinlichkeit, Auftraggeber zu finden also zu klein. Für freie Mitarbeiter tätigt aber kaum jemand eine Investition und schaltet eine Anzeige. Oft ist es zudem nicht der Chef, der selbst sucht, sondern ein Ressort oder der Redakteur am Ende der Hierarchie. Der hört sich um, wenn er jemanden sucht – und wird nicht lange und viel Zeit für die Recherche aufwenden. Am ehesten wird da noch im Internet nachgeschaut – da sollten Sie dann aber auch wirklich leicht und schnell unter Ihrem Fachgebiet zu finden sein.

Online-Stellenmärkte für die Medienbranche

- *www.karriereundjob.de* (Stellenmarkt der Zeitschrift w&v: Voraussetzung für die Aufnahme im Online-Stellenmarkt ist das Schalten eines Print-Stellengesuchs)
- *www.dasauge.de*
- *www.horizont.de* (kostenlos, Chiffre-Anzeige möglich)
- *www.journalismus.com*
- *www.medienhandbuch.de*
- *www.newsroom.de*
- »Der Journalist«: monatlich erscheinende Zeitschrift des Deutschen Journalisten-Bundes DJV (bestellen über *www.journalist.de*).
- »Das Medium Magazin«: Zeitschrift für Journalisten (bestellen über *www.newsroom.de*).

15.8 Erfolgversprechende Gesuche

An der Frage scheiden sich die Geister: Was ist besser »Titel, Themen, Top-Geschichten« oder »erfahrener Journalist bietet«? Oder anders ausgedrückt: Was sind die besseren Gesuche? Sind es die, die keinen Raum für Interpretationen lassen und ohne Umschweife auf den Punkt kommen? Oder die gut klingenden Werbetexte?

Die Autorin hat zehn Inserenten befragt, die eine Anzeige im Journalist, Medium Magazin oder auf der Website Journalismus.com geschaltet haben. Das Ergebnis ist sicher nicht repräsentativ, doch es scheint darauf hinzudeuten, dass Werbetexte besser ankommen. Jedenfalls wenn Sie nicht übertreiben und verständlich bleiben. Allerdings konnten auch die Befürworter der einfachen Sprache über ihre Gesuche Anzeigen gewinnen. Beim Schalten von Anzeigen ist es also wieder einmal ratsam, von Fall zu Fall zu entscheiden und eine eigene Strategie zu entwickeln.

Wichtigste Frage vor dem Schreiben: Welche Dienstleistung will ich anbieten? Ist es sinnvoll die »ganze Palette« zu offerieren? Viele Journalisten wollen alles können. Wenn Sie sich als Alleskönner präsentieren, besitzen Sie auch viele Wettbewerber. Auftraggeber dagegen suchen meist Schreiber für spezielle Aufgaben. Aber auch in der Vielseitigkeit kann etwas Spezielles liegen, das nicht jeder hat.

PR-Agenturen beispielsweise brauchen Mitarbeiter, die vom Konzept über die Pressemitteilung bis zum Slogan alles schreiben können. Sie suchen einen vielseitigen Texter, weniger einen gestandenen Journalisten. Ihre Zielgruppe sind die Freiberufler, die in ihrem Inserat Full-Service bieten und ihren USP auf Vielseitigkeit im Text-Bereich setzen. Prima, wenn Sie in bestimmten Branchen erfahren sind: Sagen Sie es!

Ganz anders sollte sich der gestandene Journalist verkaufen: Als Blattmacher etwa, ehemaliger Chefredakteur oder langjähriger Auslandskorrespondent... Er dürfte ganz andere Angebote bekommen als sein Kollege, der Allround-Texter. Vielleicht wird man beratende Aufgaben im Bereich Unternehmenskommunikation an ihn herantragen. In beiden Fällen sollte der Klick auf die Website, wenn vorhanden, dann aber auch genau diesen Schwerpunkt erkennen lassen. Das heißt, Ihr USP, Ihre Corporate Identity sollte sich wiederum in Ihrem Anzeigentext spiegeln.

Manche Auftraggeber suchen nach Freiberuflern, die nicht nur schreiben, sondern auch gestalten können und vielleicht auch gleich die Schlussredaktion mit abwickeln. Auch diese Zielgruppe können Sie so ansprechen, dass Sie sofort über Ihr Inserat stolpert, etwa in dem Sie bereits in der Headline betonen, dass Sie – als Redaktionsbüro oder im Ein-Mann-Betrieb – »Layout, Text und Redaktion« liefern.

Eine wirklich gezielte Ansprache gewährleistet jedoch ein Inserat, das speziellen Bedarf anspricht. Sie richtet sich allerdings auch nur an einen kleinen, erlauchten Kreis. Da finden sich Kenner der Kulturszene oder Journalisten, die aus dem Ausland berichten, Experten in Sachen CRM (Customer Relationship Management) oder Spezialisten für Börsenthemen. Andere verkaufen sich über spezielle Sprachkenntnisse und die langjährige kulturelle Erfahrung in einem anderen Land. Was auch immer Ihre Vorteile sind: Wenn Sie Schwerpunkte und Akzente setzen, haben Sie meist die besseren Chancen.

Checkliste: So schlägt Ihr Gesuch voll ein

- In welchen Branchen und Wirtschaftzweigen könnten sich Auftraggeber finden, die Sie nicht auch durch einen Anruf gewinnen können? Auftraggeber, die sie nicht kennen und auch nicht durch einen Blick in ein Medienhandbuch kennen lernen können? Mit einem Gesuch sprechen Sie all diejenigen an, die Sie bisher nicht als Zielgruppe erkannt haben, weil Sie nicht einmal wussten, dass es sie gibt: Fachmagazine,

Online-Portale, Verlage, Kundenzeitschriften, Institutionen oder aber auch Agenturen.

- Was lesen diese Auftraggeber? Schalten Sie Inserate in jenen Magazinen, die von Ihrer Zielgruppe abonniert werden.

- Was soll in der Überschrift stehen? Die meisten Leser orientieren sich nur an Headlines. Schreiben Sie hier etwas hinein, das entweder zum Weiterlesen lockt oder bereits einen so hohen Informationsgehalt besitzt, dass die Fakten Aufmerksamkeit und Innehalten gewährleisten.

- Welche Informationen untermauern Ihren USP? Ihr Alter und Ihr akademischer Grad sind unerheblich, so lange Sie sich nicht auf eine wissenschaftliche Stelle bewerben. Wichtiger sind Können, Erfahrung oder relevante Fakten (»lebe in Südafrika«).

- Was haben Sie, das andere nicht haben? Beschreiben Sie dies anhand Ihres USP!

- Formulieren Sie einen eingängigen Text, der auch gut klingt. Lesen Sie die Zeilen Bekannten vor, um die Wirkung zu überprüfen.

Tabu im Anzeigentext

- Die Mitleidstour (»bin so alt«).

- Die Dumping-Nummer: Ich bin billig.

- Lange Texte, die vermutlich sowieso keiner liest.

- Lange Sätze und Verschachtelungen.

- Sehr kritisch: Chiffre. Es bedeutet einen zu hohen Aufwand für Auftraggeber, auf eine Chiffre-Anzeige zu antworten.

16 Geschickte Mehrfachverwertung: Den eigenen »Bauchladen« aufbauen

»Kultur – da kann man doch nicht von leben!« Kaum jemand kann sich vorstellen, dass ein Tageszeitungsjournalist mit Schwerpunkt Klassische Musik allein von seiner journalistischen Tätigkeit leben könnte. Tatsächlich ist es nicht leicht, wie der Kulturjournalist Christian aus seiner eigenen Praxis weiß: »Man braucht einen langen Atem und sehr viel Geduld.«

Wer sich auf das Abenteuer einlässt, als Tageszeitungsjournalist von Mehrfachverwertung zu leben, muss den Eurocent ehren. Und akzeptieren, dass ziemlich viel Kleinvieh auch Mist machen kann. Oder anders ausgedrückt: Eine Menge kleiner Aufträge rechnet sich eben auch.

Während »normale« Journalisten mit einem Akquiseanteil von zwanzig Prozent rechnen (müssen), liegt er bei Schreibern wie Christian sogar höher. Seine Methode: Regional schreibt er exklusiv für eine Zeitung, verwertet seine Texte dann überregional weiter. Auf diese Weise scheiden überregionale Tageszeitungen als Kunden aus. Und Christian hofft, was andere wünschen: nicht von dpa zitiert zu werden...

Für ihn gilt es, immer dann aktiv zu werden, wenn es in den Zeitplan der Tageszeitungen passt. Aktualität ist entscheidend, langfristige Planung wichtig. »Wenn ein Künstler auf Tour geht, rufe ich Tageszeitungen in denjenigen Orten an, die seine Route kreuzen.« Dabei sollte aber schon vor diesem Anruf ein Kontakt bestehen. Texte von Unbekannten werden selten gelesen, Neulinge haben gerade im Feuilleton kaum eine Chance. Und wenn ein Redakteur die Wahl hat zwischen dem Artikel eines unbekannten Journalisten und einer dpa-Meldung, so wird er meist zu dpa greifen. Denn selbst wenn der Text gelungen ist: Wer garantiert, das alles auch gut und richtig recherchiert ist? Das Vertrauen fehlt (noch). Mühsam ernährt sich der Journalist – so heißt zumindest anfangs das Motto. Und klug ist, wer nebenbei auch für PR-Agenturen schreibt oder zusätzlich im Magazinbereich Auftraggeber findet.

Immer wieder anrufen, sich bekannt machen, von der Arbeit überzeugen: Klappern gehört zum Handwerk der Mehrfachverwerter. Dabei ist es wichtig, eine Arbeitsweise zu entwickeln, die Vertrauen schafft. Ganz zentral zudem: Nur Zeitungen beliefern, die nicht im Wettbewerb zueinander stehen. Ehrensache, dass in Regionen mit mehreren Tageszeitungen nur eine in den eigenen Verteiler aufgenommen wird. Schließlich wäre es zu aufwändig, in jedem Einzelfall abzuklären, wer jetzt welche Geschichte bringt. Eine solche Arbeitsweise würde auch zusätzliche Risiken mit sich bringen: Oft nehmen Redakteure Geschichten sehr kurzfristig in die Zeitung, zum Beispiel, weil unerwartet Platz frei geworden ist. Eine Abstimmung ist so kaum (noch) möglich. Wenn Sie jemandem einen fertigen Artikel zusenden, müssen Sie auch damit rechnen, dass dieser ohne Vorankündigung veröffentlicht wird. Mit welcher Zeitung Sie zusammenarbeiten, sollten Sie deshalb von vornherein klären.

Wie viele Veröffentlichungen nach dem ersten Wurf zustande kommen, hängt sehr stark vom Thema ab. Interviews verkaufen sich beispielsweise besser als Vorberichte oder gar Kritiken. Gute Geschichten sind auch immer jene, die der Redakteur vor Ort nicht selbst in Auftrag geben kann oder die einen hohen Neuigkeitswert haben. Trotzdem, die Abdruckquote schwankt auch bei Journalisten mit breitem, überregionalem Verteiler zwischen null und zwanzig Abdrucken. Einkünfte sind vor diesem Hintergrund sehr schwer berechenbar und können von Monat zu Monat stark schwanken.

Wer aus dem Tageszeitungsbereich kommt, sollte seinen Lieferkreis auf jeden Fall ausbauen: Auch Fachpublikationen bieten Artikeln unter einem anderen Fokus Raum, mitunter sind auch Wochenmagazine interessiert. Aufgrund der meist schlechten Honorierung empfehlen sich Online-Magazine nur für Dritt- und Viertverwertungen.

Auch medienübergreifender Einsatz des einmal recherchierten Materials bietet sich an. Manche Journalisten bereiten ihre Themen deshalb gleich für Radio und Print auf, sozusagen alles in einem »Abwasch«. Eine kluge Idee ist es auch, sich Zitatarchive anzulegen – mit »abgesegneten« Zitaten von Experten oder Künstlern, die Sie immer wieder einsetzen können. So können Sie aus einem Interview immer wieder schöpfen, Sie steigern Ihre Effizienz.

Setzen Sie auf eine gute Vorausplanung. Sie sollten sich schon vor der Recherche mit dem Thema der Weiterverwertung beschäftigen. Bei der Ideenfindung könnte Ihnen vielleicht das Internet auf die Sprünge helfen. Oft gibt es viel mehr Möglichkeiten, ein Thema weiter zu verwerten, als Sie denken. So existieren allein 40.000 Publikationen in Deutschland – aber vielleicht kommt auch die Schweiz oder Österreich in Frage? Und was ist mit all den kleinen Fachblättern oder spezialisierten Informationsdiensten?

Kommen nicht auch Druckerzeugnisse von Behörden in Frage? Oder der weite Bereich des Corporate Publishing, also der Kunden- und Mitarbeitermagazine. Natürlich ist es themenabhängig, für was und wen Sie sonst noch schreiben und wen Sie anwerben können: Aber ein zweiter Blick zeigt dennoch oft, dass der Markt doch sehr viel breiter und größer ist als Sie denken.

Hier nur eine kleine Auswahl an Kriterien, die Sie auf weitere Ideen bringen soll:

- Wer könnte an dem Artikel sonst noch interessiert sein?
- Wie können Sie den Artikel so abwandeln, dass er für andere interessant ist?
- Kann man noch ein Interview daraus ableiten und andere Textformen?
- Gibt es Fachzeitschriften, in die das Thema passen würde?
- Könnten Sie sich den Beitrag in einer Zeitungs-Beilage vorstellen?
- Welcher Aspekt wäre für Kundenzeitschriften interessant?
- Welcher Aspekt wäre für Frauenzeitschriften relevant?
- Was wollen die Leser der Männermagazine wissen?
- Welche Organe von Verbänden, Vereinen oder Institutionen könnten sich für das Thema in dieser oder abgewandelter Form begeistern?
- Könnten Sie sich Internetportale vorstellen, die den Beitrag veröffentlichen möchten?
- Bei Service-Geschichten: Macht es Sinn, den gut recherchierten Nutzwertartikel auch zu nutzen, um damit Broschüren und Ratgeber zu bereichern oder diese als E-Book zu publizieren?
- Ist das Thema geeignet für die Themendienste der Nachrichtenagenturen?
- Passt das Thema zu einem Kundenmagazin?
- Lässt es sich auch online verwenden?

16.1 Themen für unterschiedliche Zielgruppen aufbereiten

Es soll Journalisten geben, die für ein Unternehmen Pressemitteilungen schreiben und diese dann bei Zeitschriften als normalen Beitrag verkaufen – und auf diese Art und Weise doppelt kassieren. Zu solchen fragwürdigen Methoden sollten Sie nicht greifen, wenn Sie eine Strategie für Ihre Mehrfachverwertung entwickeln. Ihr Ziel sollte es sein, eine langfristige Zusammenarbeit aufzubauen und nicht kurzfristig irgendwelche Texte abzusetzen oder gar versteckte PR zu machen. Denken Sie nicht daran, wie Sie dieselbe Zielgruppe von unterschiedlichen Seiten erreichen können wie im Beispiel, sondern denken Sie an verschiedene Zielgruppen.

Sehr hilfreich ist dabei ein Brainstorming, das Ihnen hilft, mehr aus Ihren Artikeln zu machen. Überlegen Sie schon vor der Recherche für einen Auftrag, was Sie sonst noch aus dem Artikel herausholen können.

Fragen Sie sich:

- Wie breit muss ich die Recherche anlegen, damit ich verschiedene Artikel für unterschiedliche Zielgruppen erstellen kann? Sind Interviews mit weiteren Gesprächspartnern sinnvoll? Muss ich mir (zusätzlich) den Rat einer Institution holen?

- Wie kann ich regionale Ereignisse überregional verwerten? Beispiel 1: Der Auftritt einer Popband in Köln wird dann auch für andere Städte relevant, wenn diese auf der Tourneeroute liegen. Die komplette Tour kann für überregionale Magazine interessant sein. Beispiel 2: Das Porträt eines Aachener Fußballtrainers wird dann interessant, wenn dieser als fairster Trainer Europas ausgezeichnet worden ist.

- Welchen Aspekt muss ich zusätzlich berücksichtigen, wenn ich für andere Medien schreibe?

- Welche Unterlagen brauche ich, die mir helfen, ein Script schnell auf neue Anforderungen anzupassen und zu aktualisieren? Was muss ich schon bei der Recherche anfordern, um später möglichst wenig Aufwand mit weiteren Varianten des Textes zu haben.

Ein und dasselbe Thema lässt sich oft von völlig verschiedenen Seiten beleuchten. Versuchen Sie die unterschiedlichen Ansätze aufzuspüren. Dabei ist es oft hilfreich, sich in die Zielgruppe hineinzuversetzen. Was könnte für welche Art von Medium interessant sein? Stellen Sie sich möglichst konkrete Publikationen vor: Wie würde die Wirtschaftswoche darüber schreiben? Welcher Ansatz wäre dem Spiegel wichtig, was der Brigitte und was Computerbild? Entwickeln Sie dementsprechend einen Rechercheplan. Erfahrungsgemäß ist es sehr viel einfacher, schon bei der ersten Geschichte alle Materialien zusammenzutragen, als im Nachhinein Lücken zu stopfen.

16.2 Themen erfolgreich anbieten

Wie vorgehen beim Anbieten von Themen? Ein bisschen haben Sie ja bereits erfahren: Von fertigen Artikeln rate ich überwiegend ab, ich empfehle Themenvorschläge oder das generelle Angebot von freier Mitarbeit in einem bestimmten Ressort. Dann können Sie sich Aufträge erteilen lassen. Je nach Medium empfiehlt sich eine unterschiedliche Vorgehensweise. Zum Teil gibt es auch branchenspezifische Unterschiede.

Fertige Artikel empfehlen sich fast nur im Tageszeitungsbereich. Außerdem gibt es einige wenige Magazine, die nur fertige Artikel »kaufen«. Hier ist die Strategie einfach: Artikel schicken, Kaufangebot einholen, exklusiv vermarkten oder als Zweitverwertung. Das Risiko, auf einem Beitrag sitzen zu bleiben, ist bei dieser Strategie extrem hoch. Deshalb empfiehlt sie sich nur dann, wenn Sie mindestens einen Auftraggeber sicher haben und sich vorstellen können, dass das Thema auch in anderen Zeitungen gut laufen wird.

Magazine gewinnen Sie in der Regel am besten über Themenideen, die Sie je nachdem ganz kurz als Teaser oder in einem Exposé von einer halben bis ganzen Seiten anreißen. Achten Sie darauf, dass es Themen sind, die die Redaktion nicht ohne weiteres selbst machen oder Stamm-Mitarbeitern geben kann. Dafür macht es Sinn, gewisse schwer recherchierbare Informationen vorzuenthalten oder auf individuelle Kontakte hinzuweisen: Wenn der Promi XYZ nur mit Ihnen spricht, so haben Sie schon gewonnen. Ein Wissensvorsprung Ihrerseits ist aus demselben Grund wichtig.

Starten Sie mit einem kleinen Portfolio von zwei bis drei fertigen, aktuellen Artikeln. Mehr Themen sind auf die Schnelle oft gar nicht zu verarbeiten. Mit einer langen Liste würden Sie manchen Redakteur überfordern. Und einige interessante Beiträge gingen auf Kosten anderer unter. Sparen Sie sich Ihr komplettes Repertoire besser für später auf.

E-Mail-Anfragen sind für den Erstkontakt meist ungeeignet (Ausnahme: manche Computerzeitschriften). Ein persönlicher Kontakt über das Telefon ist die einzige Erfolg versprechende Möglichkeit, Artikel zu verkaufen.

Rufen Sie einfach bei den Redaktionen an, die sich für die Beiträge interessieren könnten. Fragen Sie nach dem für Ihr Ressort verantwortlichen Redakteur und lassen Sie sich mit ihm verbinden. Stellen Sie sich kurz vor und erklären Sie den Grund Ihres Anrufes. Betonen Sie Ihre Fachkenntnis und Erfahrung, und bieten Sie dann die konkreten Artikel an. Idealerweise schieben Sie einen Artikel vor, von dem Sie wissen, dass er »eigentlich« auf Interesse stoßen müsste, weil er so neu, einzigartig oder aktuell ist. Weil beispielsweise bisher niemand mit dieser Person ein Interview gemacht hat. Besteht Interesse? Fein: Jetzt bieten Sie an, den Artikel einmal unverbindlich zuzusenden.

Selbstverständlich klären Sie in diesem Zusammenhang direkt, ob eine Aufnahme in Ihren Verteiler erwünscht ist. Fragen Sie freundlich. »Gerne würde ich Ihnen hin und wieder Artikel zusenden. Wäre das in Ihrem Sinn?« Notieren Sie sich die E-Mail-Adresse und lassen Sie sich auch den Namen buchstabieren. Bietet Ihnen der Redakteur eine Sammeladresse vom Typ *sport@beispiel.de* an, fragen Sie, ob die Möglichkeit besteht, die E-Mail-Adresse vom direkten Ansprechpartner zu erhalten. Wen sollen Sie ansprechen, wenn der verantwortliche Redakteur keinen Dienst hat? Sollen Sie den Artikel an den entsprechenden Verantwortlichen und in Kopie an die Ressortadresse senden?

Antworten auf solche Fragen sollten Sie sich auf einem Blatt Papier notieren. Ebenso wie weitere Wünsche und redaktionelle Erfordernisse: Können Attachments, also Dateianhänge, geöffnet werden? Welche Anhänge sind überhaupt erwünscht? Noch mehr Eckdaten lassen sich eventuell schon beim Erstgespräch abfragen. Wann ist Redaktionskonferenz? Wie arbeitet die Redaktion? Gibt es Besonderheiten bei den Abläufen?

Ihre gesammelten Informationen übertragen Sie idealerweise in eine Tabelle oder Datenbank. Für Ihre interne Statistik können Sie hier noch weitere Informationen wie Größe der Redaktion, Auflage, Verbreitung und Zeilenhonorar hinzufügen.

16.3   Mehrwert bieten

Je flüchtiger der Kontakt, desto wichtiger ist Mehrwert. Wenn Sie eine Redaktion nur sporadisch beliefern, können Sie diese schon aus ökonomischen Gründen nicht so intensiv bearbeiten wie einen Ihrer Hauptauftraggeber. Nichtsdestotrotz können Sie sich vom eigenen Wettbewerb, den es mittlerweile auch in den kleinsten Marktnischen gibt, abheben, indem Sie mehr als nur den Artikel anbieten. Das kann ein Foto oder Bildschirmfoto (Screenshot) sein, ein Hinweis für die Fotoredaktion oder zusätzliches Infomaterial.

Mehrwert ist wichtig, er gehört zum Service: Machen Sie den Redakteuren das Leben so einfach wie möglich. Gerade Tageszeitungsredakteure stehen oft unter enormen Zeitdruck und nehmen meist nicht die besten Beiträge ins Blatt, sondern diejenigen, die sie einfach aufbereiten können. Vor diesem Hintergrund versteht es sich von selbst, dass Sie keinerlei Raum für Nachfragen oder Nachrecherchen lassen dürfen. Es muss das Vertrauen bestehen, dass eine Dokumentation bei Ihren Artikeln nicht nötig ist. Alle Adressen, Namen, Telefonnummern sollten stets richtig geschrieben und korrekt sein.

Auch flüchtige Kontakte wollen gepflegt sein. Meist lässt sich die nützliche Frage, ob der Artikel denn interessant war, mit einer kleinen Plauderei verbinden. Rechnen Sie nie damit, dass ein Redakteur alle E-Mails liest, sondern fragen Sie öfter nach. Oft werden E-Mail-Eingänge einfach nur nach wichtigen Empfängern gescannt. Wahrscheinlich gehören Sie am Anfang noch nicht zu diesen VIPs. Eine aussagekräftige Betreffzeile in der E-Mail hilft, die Chance erhöhen, wahrgenommen zu werden.

Wenn Sie keine Antwort auf Ihr Themenangebot bekommen, kann das alles Mögliche bedeuten. Um sicher zu gehen, greifen Sie schnell zum Telefon. »Nee, habe ich gar nicht erhalten...« Wundern Sie sich nicht, wenn Sie dann aufgefordert werden, den Beitrag noch mal zu schicken. Und oft erscheint er dann auch tatsächlich. Denn in der zweiten Runde kam dem Redakteur der Name im Posteingang schon viel bekannter vor. In der dritten dann erst recht.

16.4   Commitment: Der Weg zu treuen Auftraggebern

Haben Sie erst einmal Auftraggeber gewonnen, ist der nächste Schritt, diese als Dauerkunden zu hegen, zu pflegen und an die eigene Marke zu binden.

Längst haben Marketingexperten herausgefunden, dass es weitaus kostengünstiger ist, alte Kunden zu binden als neue zu finden. Treue Kunden kaufen immer wieder die gleiche Marke, haben eine hohe emotionale Beziehung zu ihr. Die Marke wird zur »Lovemark«: Selbst Preisnachlässe des Wettbewerbs oder neue Angebote können die Anhänger nicht von ihr abbringen.

Werbung ist kaum nötig, denn fast alles läuft über persönliche Empfehlungen, Mund-zu-Mund-Propaganda. In diesem Fall spricht man von einem hohen »Commitment«, einer besonders hohen Verbundenheit zu einem Produkt, Verkäufer oder Unternehmen. Klassisches Beispiel für solch Verbundenheit sind die Harley Davidson-Anhänger: Die Motorradfahrer sind ein verschworener Club, der vom Unternehmen wertgeschätzt wird. Das Unternehmen Harley Davidson braucht keine teuren Werbekampagnen, sondern nur guten und verlässlichen Service – die Kunden stehen auch so hinter der Marke.

Auch als Freiberufler oder Redaktionsbüro sollten Sie viel Energie in die Pflege der Beziehung zu Ihren bereits bestehenden Auftraggebern investieren. Auch Sie können für ein hohes Commitment sorgen. Das erreichen Sie in erster Linie, in dem Sie ein gutes Produkt liefern, also Ihre Arbeit so gut und besser machen, wie es Ihre Auftraggeber – und auch die Leser – erwarten. Doch das ist es nicht allein. Viele Redakteure lassen auf ihre Autoren »nichts kommen«. Solche Autoren bekommen stets neue Aufträge, werden immer als erste angesprochen.

Zwar müssen Sie sich nicht unbedingt zur »Lovemark« machen. Doch sollten Sie jemand sein, dem man ein zuverlässiges Qualitätsniveau zutraut. Dann können Sie sich auch mal einen schlechten Tag leisten. Ausrutscher sind bei einer längerfristigen Zusammenarbeit immer verzeihlich. Ihr Auftraggeber weiß, dass Sie es besser machen können. Auf der anderen Seite sollten Sie sich schlechte Leistung auch eingestehen können und jede Kritik positiv aufnehmen. Auch das schafft »Commitment«.

Neben guter Arbeit spielt aber auch die emotionale Bindung eine Rolle. Machen Sie sich zu einem freien Mitarbeiter, der dazu gehört. Sei es, weil Sie immer interessante Themenvorschläge liefern oder sei es, weil Sie regelmäßig über Trends informieren. Wer über den reinen Auftrag hinaus aktiv ist und Engagement zeigt, wird naturgemäß mehr geschätzt als jemand, dem es ganz offensichtlich nur um das Honorar geht.

Eine Verbundenheit schaffen Sie übrigens nicht etwa dadurch, dass Sie versuchen, die geschäftliche Beziehung in eine Freundschaft umzuwandeln. Ganz im Gegenteil, dieser Weg kann sogar schädlich sein. Ein wenig Distanz lässt Ihnen auch etwas mehr Raum für den Status als Experte. Eine zu persönliche Ebene könnte einen Schleier lüften und den Blick auf Ihre Verkaufsstrategie freigeben. Das sieht natürlich ganz anders aus, wenn die Freundschaft wichtiger wird als der Auftrag selbst.

Viele vermuten, dass ein Großteil der Aufträge durch Vitamin B, also persönliche Beziehungen, zustande kommt. Das mag so sein, doch wird niemand allein auf der Basis einer privaten Freundschaft zum gehegten und gepflegten Autor. Ganz im Gegenteil: Aufträge auf der Basis persönlicher Kontakte mögen schneller zustande kommen. Sie sind aber auch wesentlich anfälliger und brüchiger. Vitamin-B-Kontakte überstehen keinen Personalwechsel: Ein neuer Redakteur bringt auch wieder neue Leute ins Spiel. Vor allem, wenn die alte Riege nur Mittelmaß war, weil aufgrund von Vitamin B rekrutiert. Sind Sie erste Klasse und haben ein Commitment herstellen können, und zwar möglichst redaktionsübergreifend, kann Ihnen so etwas nicht passieren.

16.5   Kundenbindung: Pflegen Sie Ihre Auftraggeber

Viele Redakteure schreiben nicht oder nur selten selbst. Oft haben freie Journalisten mehr Talent, auf jeden Fall mehr Übung. Und das wissen beide Seiten auch. Das führt gar nicht selten zu einem Wettbewerbsverhalten oder mangelnder Anerkennung der Leistung des anderen, das dem »Commitment« zuwider läuft. Grundlage für eine erfolgreiche Kundenbindung ist die Achtung vor dem Menschen und seiner Tätigkeit. Auch wenn es schwer fällt und Sie eigentlich nicht der Meinung sind, dass auf der »anderen« Seite anspruchsvolle Arbeit geleistet wird: Picken Sie sich die positiven Aspekte der Zusammenarbeit heraus und betonen Sie diese. Auch Ihre Brötchengeber sind ganz normale Menschen, die sich über Lob freuen. Und es viel zu selten bekommen: Da Chefredakteure, anders als Manager in der freien Wirtschaft, oft nicht in modernen Führungsstilen geschult sind, ist Lob und Anerkennung in Redaktionen Mangelware.

Der menschliche Aspekt kommt zu kurz. Dabei hat jeder Talente und Fähigkeiten, die ihn von anderen abgrenzen. Der eine kann vielleicht extrem gut und sicher redigieren, die andere hat ein Händchen für griffige Überschriften. Es kommt sicher gut an, wenn Sie Lob anbringen. Je offener Sie sich zeigen, je mehr Wertschätzung und weniger Arroganz dabei zum Ausdruck kommt, desto eher werden Sie auch ein Lob zurückbekommen. Aber selbst, wenn Sie mit Menschen zu tun haben, die nicht über den eigenen Schatten springen können: An Ihrer eigenen Haltung darf dies nichts ändern – wenn diese ehrlich ist.

Fragen Sie ruhig einmal nach, wenn gar kein Feedback kommt. Waren Sie zufrieden? Gab es Leserbriefe? Gibt es etwas, das ich beim nächsten Mal besser machen kann? Mit solchen Fragen ermuntern Sie Ihr Gegenüber zu einem Statement – und zeigen sich gleichzeitig offen und aufgeschlossen. Ein Feedbackgespräch gibt zudem einen idealen Rahmen für Folgeaufträge.

Checkliste: Tipps zur Kundenbindung

- Erledigen Sie Ihre Arbeit immer gut, schludern Sie nicht.

- Zeigen Sie in allem, was Sie tun, eine konstante Verlässlichkeit.

- Schaffen Sie Vertrauen in Ihre Arbeit.

- Tun Sie immer etwas mehr, als Sie eigentlich müssen.

- Seien Sie stets zuvorkommend und hilfsbereit.

- Geben Sie Tipps und Informationen weiter, die Ihren Auftraggebern helfen könnten.

- Melden Sie sich immer mal wieder zwischendurch, auch wenn Sie über einen längeren Zeitraum keine Aufträge haben.

- Sprechen Sie nicht nur über die Arbeit, sondern versuchen Sie auch eine persönliche – aber nicht zu private – Ebene zu schaffen.

- Zeigen Sie Ihrem Auftraggeber Ihre Wertschätzung und Anerkennung, beispielsweise wenn er einen Text gut gekürzt oder eine tolle Headline gefunden hat.

- Besprechen Sie sofort, wenn Ihnen etwas nicht passt oder Sie ärgert, beispielsweise das Hinzufügen von Passagen ohne vorherige Absprache.

- Suchen Sie das Feedbackgespräch, vor allem nach einem ersten Auftrag.

16.6 Preismarketing: Ihre Honorar-Politik

»Bitte nennen Sie auch Ihre Honorarvorstellungen!« Auf so eine Aufforderung, in anderen Branchen üblich, können viele Journalisten lange warten. »Friss oder stirb« – so lautet das Motto für viele Schreiber. Mit durchschnittlichen Honorarsätzen, die bei Magazinschreibern bei einem angenommenen Tagessatz von 350 Euro um 45 Euro in der Stunde liegen, verdienen Journalisten nur die Hälfte von dem, was ihre Kollegen in den PR-Abteilungen oder Werbetexter erhalten. Viele erhalten sogar sehr viel weniger und wären froh, auf mehr als 20 Euro in der Stunde zu kommen. Immer wieder höre ich sogar von Tagessätzen, die unter 120 EUR liegen, was weniger ist als jeder Hilfsarbeiter verdient.

Der Markt bestimmt die Preise, und das Überangebot an Journalisten trägt zu einem generell niedrigen Honorarniveau bei. Nicht ungewöhnlich, dass Journalisten für ein Zeilenhonorar von 30 Cent einen Tag lang an einem 80 Zeilen-Artikel arbeiten, der dann auch noch exklusiv sein soll.

Viel Spielraum für Preismarketing bleibt da also nicht. Und doch können Sie Ihren Verdienst mitbestimmen – beispielsweise, indem Sie sich nicht die schlecht zahlenden Zeitungen als Kunden auswählen und sich zudem nicht unter Wert verkaufen. Wer einmal einen Dumping-Auftrag angenommen hat, wird auch ein zweites Mal zum Schleuderpreis einspringen. Damit drückt er sein eigenes Preisniveau (oder steigt von Anfang an niedrig ein). Um überhaupt Fuß zu fassen, müssen da nicht Abstriche sein? Ich behaupte, nein: Wer selbstbewusst auftritt und gar nicht erst den Gedanken aufkommen lässt, er sei für Hungerlohn zu haben, schafft es auch auf einem akzeptablen Niveau. Vorausgesetzt er kann schreiben, hat Biss, Erfahrung und beherrscht sein Handwerk. Etwas anders liegt der Fall bei Einsteigern. Diesen ist eine Selbstständigkeit im Sinne einer unternehmerischen Tätigkeit, die auf Vermarktung der eigenen Person oder der Erfahrung zielt, noch nicht zu empfehlen. Sie sollten den Versuch starten, über feste-freie Mitarbeit bei einem Magazin oder einer Agentur einzusteigen.

Sie müssen vom Journalismus leben können. Sie dürfen nicht einmal so eben nebenbei kellnern, um sich das teure Hobby »Schreiben« zu finanzieren. Um die Vorzüge einer Zugehörigkeit zur Künstlersozialkasse zu nutzen, haben Sie Nebeneinkünfte nur in verwandten Zweigen zu erzielen – etwa als Lektor oder PR-Journalist, nicht aber als Kellner. Ihre Wahlmöglichkeiten sind also beschränkt.

Bedenken Sie auch, dass Sie durch ein niedriges Einstiegshonorar die Marschrichtung für die Zukunft festlegen. Honorarsteigerungen – ohnehin selten genug – orientieren sich immer an dem ursprünglich festgelegten »Tarif«.

Das ist ähnlich wie bei den Gehältern in der freien Wirtschaft: Wer sich beim ersten Job unter Wert verkauft, kann die Differenz zu Kollegen in ähnlichen Berufen und mit ähnlichem Hintergrund oft nie mehr aufholen. Billig ist eben immer noch gleich: »Kann ja nicht so gut sein.«

Konsequenz dieser »Küchenpsychologie« : Versuchen Sie, soweit und wann immer dies möglich ist, zu verhandeln. In Zeitschriften gibt es stets eine gewisse Spanne, auch wenn es »offizielle« Tarife gibt. Manche verdienen trotzdem mehr. Zudem besteht sehr oft die Möglichkeit, Pauschalhonorare für aufwändige Geschichten auszuhandeln, die über dem eigentlichen Seitenpreis liegen. Selbstverständlich müssen Sie begründen können, warum Sie stets immer im wahren Sinne des Wortes »mehr verdienen« als andere. Erfahrung und besondere Kenntnisse sind wertvolle Argumente, auch ein Standort im Ausland hebt Ihre Position.

Dass Sie mit dem Geld anderenfalls nicht auskommen, hat in einer Honorardiskussion jedoch nichts zu suchen. Bringen Sie niemals persönliche Gründe mit ins Spiel. Nur Ihre Leistung hat Einfluss auf die Höhe der Bezahlung, nichts anderes. Natürlich müssen Sie für Ihren Sonderstatus dann auch wirklich Überdurchschnittliches bieten. Andrerseits spielen sich viele außerordentliche Leistungen auch im Kopf des Konsumenten, des Auftraggebers, ab. Warum bezahlen Sie für eine Gucci-Uhr 1000 Euro? Das Material allein ist es nicht, es ist die Marke. Autoren, die Top-Honorare aushandeln, sind durchaus nicht immer Edel-Federn. Ganz im Gegenteil: Preisgekrönte Edel-Schreiber haben oft viel mehr Mühe, für ihr wirtschaftliches

Auskommen zu sorgen als wirtschaftlich denkende und handelnde selbstständige Journalisten. Denn diese zielen nicht primär auf Anerkennung, sondern auf ökonomische Auslastung. Diese kann auch in einem Mix liegen: Das renommierte Tageszeitung für das Image, die Kundenzeitung fürs Brot.

16.7 Strategien gegen Preisdumping

Einige Tageszeitungen und öffentlich-rechtliche Sendeanstalten gewähren keinen Sonderstatus. Wenn Sie nicht für das Mini-Honorar arbeiten, kommen eben andere zum Zuge. Da heißt es oft abzuwägen: Ruhm oder gar kein Job. In solchen Situationen ist es manchmal sinnvoll, eine »Mischkalkulation« zugrunde zu legen. Schlecht honorierte Jobs und Aufträge nehmen Sie dann in Kauf, wenn diese Ihnen viel Renommee einbringen. Den finanziellen Ausgleich schaffen dann höher dotierte Aufträge, etwa im Bereich PR oder durch Aufträge für besser zahlende Magazine. Die Renommee-Projekte wiederum nutzen Sie, um damit neue Auftraggeber zu gewinnen.

Lassen Sie sich bei der eigenen Kalkulation nie in die Karten schauen. Wie viele Stunden Sie für einen Beitrag aufwenden – wie viel Stundenlohn dabei für Sie herausspringt, sollte Ihr Geheimnis bleiben. Was Sie indes nicht hindern sollte, im Hintergrund wirtschaftlich zu arbeiten und Rechenmodelle aufzustellen.

Wie viel müssen Sie verdienen, um 2200 Euro netto zu erhalten? Bei Selbstständigen gilt üblicherweise die Pauschalregel: gewünschtes Nettogehalt mal drei. Die Leistungen der Künstlersozialkasse, die die Hälfte zu Krankenversicherung und den Sozialbeiträgen beisteuert, verschiebt dieses Verhältnis bei Journalisten in Richtung Eins zu Zwei. Rund das Doppelte, etwa 4400 Euro müssen Sie verdienen, beispielsweise auch um pro Monat 400 bis 500 Euro für die Rentenversorgung zurücklegen zu können.

16.8 Mit Honorarkürzungen umgehen

Je enger der Markt, desto schlechter die Preise. Honorarkürzungen sind in konjunkturellen Schieflagen an der Tagesordnung. In den letzten 10 Jahren sind die Honorare in vielen Bereichen stark zurückgegangen – oft um 20 bis 25 Prozent. Vor diesem Hintergrund mögen meine Empfehlungen, sich möglichst nicht auf »Dumping« einzulassen, manch einem zynisch vorkommen. Aber wenn Sie von Ihrem Unternehmen leben wollen, haben Sie keine andere Chance. Durch das Internet sind schließlich auch der Mehrfachverwertung des gleichen Artikels Grenzen gesetzt.

Und natürlich nimmt manch einer lieber den Spatz in der Hand als die Taube vom Dach. Der Honorarkürzung ist oft eine langjährige Zusammenarbeit vorangegangen. Die möchte man so einfach auch nicht aufgeben – zumal es andere Alternativen nicht gibt.

Entscheiden Sie immer situationsbedingt und berücksichtigen Sie die jeweilige Marktlage, die sich immer wieder verändern kann. Es ist ein Unterschied, ob ein wirtschaftlich gesundes oder ein strauchelndes Unternehmen die Honorare kürzt oder kürzen muss. Entsprechend sollte in besseren Zeiten auch eine schnelle Erhöhung der Sätze möglich sein, die Sie auch einfordern sollten. Geschicktes Preismarketing bedeutet auch, diese Wiederanhebung schon bei der Kürzung zu vereinbaren, am besten als schriftliche Absichtserklärung.

Checkliste: Tipps und Tricks rund ums Honorar

- Verwerten Sie Ihre Texte mehrfach, und planen Sie schon beim ersten Auftrag, wie Sie einen Artikel auch unter einem anderen Aspekt »aufhängen« können.

- Eine Mischkalkulation gleicht schlechte Honorare aus. Arbeit, die tendenziell weniger Anerkennung nach sich zieht als der Journalismus (etwa PR), lassen Sie sich gut honorieren, den Artikel für die Süddeutsche schreiben Sie auch mal für ein kleines Zeilenhonorar – schließlich ist der schlecht bezahlte Artikel Werbung für Sie.

- Begeben Sie sich nicht in eine Bittstellung, sondern treten Sie selbstbewusst auf.

- Akzeptieren Sie unseriöse Honorarzahlungen jenseits der Empfehlungen vom DJV nicht oder nur, wenn eine Steigerung in Aussicht steht.

- Sprechen Sie über Geld, das ist Ihr gutes Recht.

- Lassen Sie sich Vereinbarungen über Pauschalhonorare schriftlich geben oder schicken Sie Bestätigungs-E-Mails. Beispiel: »Vielen Dank

- für den Auftrag. Wie vereinbart werde ich den Text, Umfang 10.000 Zeichen, Honorierung pauschal 1000 Euro, zum 1.12. liefern.« Das Gleiche gilt für Nachrecherchen oder Spesenabrechnungen. Verlassen Sie sich nie auf mündliche Vereinbarungen. Im Zweifel steht hier Aussage gegen Aussage. Gar nicht so selten macht ein Redakteur zudem finanzielle Versprechungen, für die er Rügen vom Chef kassiert – Folge ist der Versuch, solche Vereinbarungen zu unterlaufen.

- Vereinbaren Sie, wann Sie eine Nachbearbeitung aufgrund redaktioneller Änderungen in Rechnung stellen und mit welchem Satz.

- Vereinbaren Sie den genauen Lieferumfang: wie viele Seiten, wie viele Zeilen und mit wie vielen Zeichen.

- Falls Fotos dazu gehören (viele Online-Redaktionen erwarten beispielsweise, das sich der Textautor auch um das Bild kümmert): Stellen Sie klar, wie diese vergütet und in welcher Qualität sie geliefert werden sollen.

Honorarübersichten im Internet

- *www.djv.de* (Link zieht häufiger um, suchen Sie die Übersicht im Bereich des Referats »Freie«)
- *www.mediafon.net*
- *www.journalismus.com*

17 Besondere Situation:
Fest-freie Arbeitsverhältnisse

Freiberuflich tätig zu sein, bedeutet nicht unbedingt auch selbstständig zu sein. Es gibt berufliche Situationen, in denen Sie als Freier wie ein Angestellter ohne festen Arbeitsvertrag auftreten. Hier sind Sie für ein Unternehmen tätig, haben Ihren regelmäßigen Tagesablauf und arbeiten nach Anweisung. Kontraktor oder Pauschalist nennen manche Firmen diese festen Freien.

Meist wird das Risiko der Freiheit durch ein höheres Honorar versüßt. Ob es das aufheben kann, bleibt die andere Frage: Als Fest-Freier haben Sie nur bedingt die Möglichkeit ein Netz aus Auftraggebern aufzubauen, das auch dann hält, wenn einer der »Kunden« ausfällt. Sie sind an einen Arbeitgeber gebunden: Fällt dieser weg, müssen Sie wie ein Angestellter erneut auf Jobsuche gehen. Anders als dieser erhalten Sie jedoch kein Arbeitslosengeld für die Übergangsphase. Deshalb ist es nicht empfehlenswert, so ein Arbeitsverhältnis dauerhaft bestehen zu lassen. Es sollte entweder ein Sprungbrett in die Festanstellung oder eines in eine unternehmerischer geprägte Selbstständigkeit mit vielen Auftraggebern sein.

Dennoch gibt es gute Gründe, sich für eine solche Tätigkeit zu entscheiden. Fernsehmoderatoren etwa stehen fast immer in fest-freien Verhältnissen, da die TV-Anstalten aufgrund wechselnder Programme Journalisten nicht langfristig binden wollen und können.

Das alles heißt nicht, dass Marketing für Sie unwichtig wäre. Im Gegenteil: Die Selbstvermarktung entscheidet darüber, wie lange Sie in dem Geschäft bestehen können. Ein dichtmaschiges Netzwerk, gutes Ansehen, auch über den Sender hinaus: Je fester Sie im Sattel sitzen, desto weniger brauchen Sie veränderte Situationen fürchten. Geht ein »Engagement« zu Ende, so finden Sie problemlos und schnell ein neues.

17.1   Vorsicht, Scheinselbstständigkeit!

Von Anfang war das Gesetz zur Scheinselbstständigkeit heftig umstritten, da es an der beruflichen Realität vieler Journalisten vorbeigeht. Andrerseits schützt es Freie vor der »Ausbeutung« durch Redaktionen und Sendeanstalten. Diese sind nicht daran interessiert mit Selbstständigen auf Augenhöhe als Geschäftspartner zusammenzuarbeiten, sondern wollen lediglich eine billige Arbeitskraft.

Das Gesetz für Scheinselbstständigkeit ist inzwischen etwas aufgeweicht worden, so dass sich ein scheinselbstständiger Mitarbeiter nicht immer eindeutig an Kriterien erkennen lässt. Wenn Sie aber keine versicherungspflichtigen Mitarbeiter haben und in der Regel nur für einen Auftraggeber arbeiten, liegt es nahe, dass Sie nicht wirklich selbstständig sind. Erst recht, wenn Sie einen Arbeitsplatz haben und Anweisungen entgegen nehmen.

»Verkappte Arbeitnehmer« nannte der Journalist Goetz Buchholz Freie in arbeitnehmerähnlichen Positionen in seinem »Ratgeber Freie« (erhältlich bei der Gewerkschaft Ver.di). Aus Kostengründen haben viele Arbeitgeber Stellen reduziert und beschäftigen statt fest angestellter jetzt freiberuflich Tätige. Leider ist das journalistischer Alltag, nicht nur bei zahlreichen Magazinen und Tageszeitungen, sondern auch in vielen großen TV- und Radioanstalten. Dabei müssen Freie, gerade bei Tageszeitungen, oft für einen Bruchteil des Gehaltes eines festen Redakteurs ackern. Die Freiberuflichkeit, die mit besseren Verdienstmöglichkeiten einhergehen sollte, bringt hier dem Journalisten keinerlei Vorteil.

Einem Arbeitgeber, der Scheinselbstständige beschäftigt, droht schlimmstenfalls die Nachzahlung der gesamte Lohnsteuer und aller Sozialversicherungsbeiträge, längstens für die letzten vier Jahre.

Außerdem kann der Freiberufler seinen arbeitgebergleichen Auftraggeber auf einen festen Arbeitsvertrag verklagen. Dies wird niemand tun, der in guten Beziehungen zu seinem Auftraggeber steht und sich langfristig weitere Beschäftigung erhofft. Am Ende einer Zusammenarbeit, wenn das Verhältnis ohnehin zerbrochen und nicht mehr zu retten ist, kann eine Klage aber immerhin noch für eine hübsche Abfindung und vor allem für den Anspruch auf Arbeitslosengeld sorgen.

Einige Verlage verlangen von Freien deshalb, dass Sie Erklärungen unterschreiben und versichern, nicht nur für diesen einen Auftraggeber tätig zu sein. Verlage, die Freie in scheinunternehmerischen oder angestelltenähnlichen Verhältnissen beschäftigen, arbeiten oft mit »Tricks«. Als Indiz für eine arbeitnehmerähnliche Tätigkeit gilt es beispielsweise, einen festen Arbeitsplatz und eine eigene Telefonnummer beim Arbeitgeber zu haben. Aus diesem Grund versetzen die Arbeitgeber ihre Freien von einem Platz zum anderen und reichen sie durch die Abteilungen.

Wenn Sie sich unsicher sind, wie Ihr Arbeitsverhältnis einzustufen ist, können Sie bei der Deutschen Rentenversicherung Bund, der ehemaligen BfA, eine Anfrage stellen. Dazu können Sie unter der Internetadresse *www.deutsche-rentenversicherung-bund.de* das »Formular zur Feststellung des sozialversicherungsrechtlichen Status« herunterladen und ausfüllen.

Die Folgen einer Einstufung als Arbeitnehmer können allerdings auch für den Freien negativ sein. Denn neben der Möglichkeit, einen festen Vertrag zu erhalten, besteht auch die Option, lediglich steuertechnisch als Selbstständiger behandelt zu werden. Dafür müsste Sie der Arbeitgeber bei der Krankenkasse anmelden und die Beiträge für die Versicherung einbehalten (Arbeitnehmer- und Arbeitgeberanteil). Das übrig gebliebene Honorar müssten Sie ganz normal versteuern. Oft bleibt nach einer Meldung der Scheinselbstständigkeit also weniger übrig als zuvor – eine richtige Alternative ist dies also nicht. Die Mitgliedschaft in der Künstlersozialkasse wird übrigens meist als Beweis für eine »echte« Selbstständigkeit gewertet.

17.2 Tipps für Radio- und Fernsehmoderatoren

Fernsehjournalisten arbeiten entweder als feste Freie vor Ort oder realisieren einzelne Beiträge. Vor Ort reichen sie tagesaktuell Themen ein – dabei kann es sein, dass heute drei und morgen kein Thema genommen wird. Unterm Strich verdienen Fernsehleute aber nach wie vor gut.

Realisieren sie einzelne größere Beiträge, sind sie meist für einen längeren Zeitraum blockiert, was für die Akquise schlecht ist. Deshalb haben Fernsehjournalisten oft nur einen Auftraggeber. Aus Sicht einer Unternehmensberaterin ist das natürlich ein großes Risiko, aber die Leidenschaft der Journalisten, diesen Job zu machen, ist oft größer. Beim Radio gibt es ähnliche Modelle: entweder auf Tagessatz vor Ort oder pro Beitrag oder Sendung. Hier zahlen die Sender sehr unterschiedlich: Recht gut soll der WDR sein, eher durchwachsen der NDR.

Manche arbeiten auch vor der Kamera, was eine hohe Aufmerksamkeit erzeugt. Wenn Sie im Licht der Öffentlichkeit stehen, sind Sie mehr noch als Ihre Kollegen von der direkten Resonanz und der Beziehung zum Zuschauer oder Zuhörer abhängig. Sie bekommen oft ein unmittelbares Feedback, etwa durch Leserbriefe oder E-Mails. Ihr Persönlichkeitsmarketing ist weitaus wichtiger als das eines Printjournalisten.

Kontakte sind für Sie noch wichtiger, um an Aufträge zu kommen. Themenvorschläge können Sie machen, ohne jedoch in der Redaktion bekannt zu sein, dürfte es schwer sein, mit diesen zu punkten.

Die intensive Bindung, beispielsweise der Hörer an ihre Radiomoderatoren wird offensichtlich, wenn lokale Berühmtheiten mit ihrem Radiomobil auf Tour gehen. Auch um Fernsehjournalisten herum bilden sich häufig regelrechte Fanclubs. Fanpost und sogar Liebesbriefe gehören zur Tagesordnung. Radio- und Fernsehjournalisten sind durch Ihre Gegenwart einfach viel greifbarer, besitzen eine ausgeprägte emotionale Ausstrahlung.

Ein Artikel dagegen lässt die Persönlichkeit des Schreibers kaum durchscheinen: Fakten zählen bei der Beurteilung mehr als Emotionen. Ein Printjournalist kann von Fanpost deshalb oft nur träumen. Er ist (für den Leser) kein Mensch aus Fleisch und Blut, sondern bestenfalls ein Name auf dem Papier.

Als Radio- oder Fernsehmoderator entscheiden die Emotionen, die Sie bei Ihren Hörern oder Zuschauern auslösen, über Ihren Erfolg. Sie müssen es schaffen, eine Beziehung herzustellen – und diese entsprechend pflegen. Dabei können Sie nie auf einer Position verharren, sondern müssen sich ständig oft veränderten Situationen anpassen.

Aussehen und Stimme spielen eine wichtige Rolle. Deshalb ist die Präsenz auf einer gut gemachten Website für Sie einfach ideal. Sie können diese nutzen, um neue Auftraggeber zu gewinnen und Ihr Angebot zu bewerben. Viele Fernsehjournalisten haben sich in letzter Zeit weiterhin ein zweites Standbein mit Unternehmensfernsehen oder Videos für das Internet aufgebaut.

Wenn Sie noch keinen Fuß in der Tür haben, sollten Sie als Erstes Kontakte aufbauen, eine Hospitanz kann ein erster Eintritt sein. Trotzdem kann auch Frechheit siegen: Ich kenne eine Printjournalistin ohne jede Radioerfahrung, die einem Sender des NDR einfach einmal ein neues Sendekonzept präsentierte – was dieser annahm. Dabei positionierte sie sich selbst als Moderatorin und Redakteurin. Sie hatte einfach mit dem obersten Chef gesprochen – und sich nicht vom Redakteur abwimmeln lassen.

In Zeiten des Internets kann auch ein Umweg ins TV über gut gemachte Videos gehen. In jedem Fall brauchen TV- und Radiojournalisten gute Arbeitsproben, hier ist das noch wichtiger als im Print! Natürlich ist außerdem der Einstieg über ein Regionalprogramm leichter als gleich über die eine bekannte Reportagesendung zu gehen.

Checkliste: Radio- und Fernsehjournalisten

Was fällt positiv auf, wenn Sie mich im Fernsehen sehen/im Radio hören?

....

....

....

Wie hebe ich mich von anderen ab?

....

....

....

Wo sehen Sie meine Schwächen?

....

....

....

Wo könnte ich mich verbessern?

....

....

....

Erinnere ich Sie an irgendeinen bekannten Moderator? Wo liegen die Gemeinsamkeiten? Was macht mich besonders?

....

....

....

Betonen Sie das, was Sie als Persönlichkeit auszeichnet. Arbeiten Sie an Ihren Schwächen. Es muss dabei durchaus aber nicht jeder vermeintliche Makel beseitigt werden, denn scheinbare Unzulänglichkeiten können Ihnen einen Sympathievorteil einbringen. Perfektion tötet jede Präsentation – ob

Sie nun im Radio oder im Fernsehen stattfindet. Kleine Fehler machen menschlich.

Achten Sie auf ein klares Profil, das Ihre Schwerpunkte im On-Air- und Off-Air-Bereich genau herausarbeitet. Welche Sendungen und/oder Veranstaltungen mit wie vielen Menschen haben Sie moderiert? Paarweise oder als »Alleinunterhalter«? Welche Programme haben Sie moderiert? War es die Prime Time, eine Morgen-, Nacht- oder Abendsendung? Stellen Sie die wesentlichen Informationen auf ein bis zwei Seiten zusammen.

Eine neue Chance für innovatives Selbstmarketing von Radioleuten bietet das Podcasting. Podcasts sind Sendungen, die jeder aufzeichnen und über seinen MP-3-Player hören kann. Dieser könnte regionale Infos, Restaurantkritiken und CD-Empfehlungen beinhalten.

An anderen wachsen: »Modeling«

»Er spricht ganz genau wie XY, die Stimme, der Tonfall – frappierend.« Oder: »Sie hat viel von AB. Diese elegante Distanziertheit...« Nicht immer lösen solche Sätze die pure Freude aus. Wer möchte schon der Abklatsch eines anderen sein?
Tatsache jedoch ist, dass Ähnlichkeiten mit bekannten Personen die eigene Prominenz fördern. Jedenfalls wenn Sie darüber hinaus auch Sie selbst bleiben, eine eigene Persönlichkeit besitzen. Ein Mensch mit Verhaltensweisen, die andere irgendwann ebenfalls für »nachahmenswert« erachten – ein Mensch mit Vorbildcharakter.

Einer der wirksamsten Methoden des Selbstmarketing, entnommen aus dem NLP (Neurolinguistisches Programmieren), ist das Modeling. Modeling hat nichts mit Schaulaufen zu tun, sondern bedeutet, sich bewusst an solchen Vorbildern zu orientieren. Wer besitzt Verhaltensweisen, die mir gefallen? Mit wem kann und möchte ich mich identifizieren, weil er etwas besonders gut kann? Von welcher positiven Ausstrahlung kann ich mir etwas abschauen? Wer kleidet sich so geschmackvoll wie auch ich gerne angezogen sein würde? Kurzum: An wem kann ich wachsen? Nur, wer sich ständig weiterentwickeln möchte, wird ständig besser. Sie können nur wachsen, wenn Sie Vorbilder haben.
Beobachten Sie Ihre Umwelt. Beobachten Sie sie aber ohne den typisch »deutschen« und zerstörerischen Faktor Neid. Es ist doch schön, wenn

andere Menschen gut ankommen. Schneiden Sie sich ein Stück davon ab. Eines, das Ihnen gut gefällt.

Vielleicht ist es diese spezifische Art, sich von den Hörern zu verabschieden. Oder der Optimismus. Die Art, Witze zu erzählen. Oder die Haare aus dem Gesicht zu streichen. Die Stimme... Das Lächeln... Jeder von Ihnen bewundert Verhalten oder eine bestimmte Art des Auftretens bei anderen. Es ist legitim, diese Art in sein eigenes Repertoire aufzunehmen, wenn es zu dem Vorhandenen passt. Das hat mit Lernen und nichts mit Nachmachen zu tun.

Der Erfolg einer Person ist jedoch einzigartig. Wer nur Muster kopiert, schadet deshalb langfristig seinem Weiterkommen. Mixen Sie aus Bekanntem und Neuem – das ist das beste Erfolgsrezept.

17.3 Einstieg leicht gemacht: Marketing für Journalisten ohne Erfahrung

Einsteiger in den Journalismus haben es vor allem dann schwer, wenn Sie frisch von der Uni kommen. Da gibt es spezielle Einsteigerhonorare bei Tageszeitungen und auch sonst viele weitere Hürden: Die größte ist sicher die starke Konkurrenz. Viele können schreiben. Eine Menge davon auch sehr gut. Die Entscheidung für oder gegen einen Journalisten fällt dann schwer, wenn der Auftrag handwerkliches Können und schreiberisches Talent fordert, denn viele bringen diese Voraussetzungen mit. Andere Entscheidungskriterien müssen dann aushelfen: Sympathie oder der Preis etwa.

Sehr viel bessere Chancen, direkt in den Beruf einzusteigen, haben Quereinsteiger mit Berufserfahrung aus anderen Genres, beispielsweise der Wirtschaft oder Technik. Vor allem dann, wenn sie nicht nur über Know-how verfügen, sondern auch über die Fähigkeit, ihr Wissen so zu verpacken, dass es möglicherweise auch für den Laien interessant ist.

Der beste Einstieg – für »reine« Journalisten ohne Spezialgebiet ebenso wie für Quereinsteiger – gelingt mit Hilfe von Arbeitsproben. Genau das ist aber das Problem bei Anfängern: Noch sind keine oder nur wenige Artikel geschrieben (und erst recht veröffentlicht).

Hier kann das Internet nützliche Dienste leisten. Zahlreiche Portale bieten die Möglichkeit, sich für wenig Geld oder auch ehrenamtlich schreiberisch zu engagieren. Noch besser, wenn Sie ein eigenes Internetangebot oder einen Newsletter aufgebaut haben. Machen Sie Ihre Sache gut, werden Sie

Bewunderung ernten – eine Bewunderung, die weiter reicht, als die für einen Artikel mit regionaler Bedeutung.

Bieten Sie sich auch als Gastautor oder Kommentator auf Portalen an – oder bauen Sie sich ein eigenes auf, in dem Sie sich auch sogleich als Experte profilieren. Dabei sollte immer ein thematischer Bezug zu ihrem Fachgebiet existieren. Zudem sollten Sie das Umfeld, in dem Sie sich präsentieren, genau auf seine Marketingwirkung hin untersuchen. Wie viele Besucher hat die Seite? Ist diese zeitgemäß und aktuell? Hat sie einen »Namen« in dem entsprechenden Segment und besitzt sie Markenpotenzial (gutes Image)? Sind Sie als Autor dort optimal präsentiert? Es ist eher schädlich, sich für ein Portal zu engagieren, auf dem nur schlecht recherchierte und semiprofessionell geschriebene Beiträge vertreten sind.

Wer sich nicht (nur) auf das Internet verlegen möchte, findet Gelegenheiten, sich erste Sporen zu verdienen, auch im regionalen Umfeld. Vielleicht können Sie als ehrenamtlicher Chefredakteur für die Publikation Ihres Sportvereins anheuern oder eine solche Mitgliederzeitung erst ins Leben rufen.

Auch ein Praktikum oder eine Hospitanz hilft beim Start. Während der Wochen und Monate bekommen Sie ein Gespür für den Bedarf Ihres Arbeitgebers – ein Wissen, dass Sie später für konkrete Auftragsangebote nutzen können. Zudem profitieren Sie von Kontakten, die die Voraussetzung für den Aufbau eines funktionierenden Netzwerkes bilden. Je dichtmaschiger Sie dieses im Laufe Ihrer Karriere knüpfen, desto unwahrscheinlicher, dass Sie irgendwann in ein Auftragsloch fallen.

17.4 Mut zum Ausstieg: Wenn das Honorar einfach nicht reicht

Konjunkturelle Dellen führen automatisch zu einem brutalen »Survival of the Fittest«. Ausgesiebt werden nicht nur die »schlechten«, sondern vor allem die, die sich weniger gut verkaufen oder sich eine finanziell undankbare Nische etwa im kulturellen Bereich erschlossen haben.

Wenn es finanziell nicht läuft, helfen nur zwei Dinge. Erstens: Alle Möglichkeiten ausprobieren, wie das Geschäft angekurbelt werden kann. Können neue Auftraggeber gewonnen werden? Lässt sich mit PR Geld verdienen? Ist der Zusammenschluss mit Kollegen sinnvoll?

Jede Veränderung braucht aber Zeit. Möchten Sie etwa einen Expertenstatus aufbauen, benötigen Sie dazu drei Jahre und mehr. In der Zeit müssen Sie ja trotzdem Geld verdienen. Aber wenn dies im Journalismus nicht möglich ist – warum dann nicht anderswo?

Sichten Sie zunächst die angrenzenden Gebiete: Sind Sie sprachlich kompetent halten Sie bei den Übersetzern nach einer Nische Ausschau. Sind Sie ein lebendiger, unterhaltsamer Typ, kommen Moderationen in Frage. Haben Sie sehr viel Know-how in einem bestimmten Bereich ist möglicherweise die Beratung etwas für Sie. Training empfiehlt sich extrovertierten Typen mit gutem Gespür für Gruppen und Psychologie. Dann gibt es noch den Werbetext und PR. All das ergänzt sich gut mit dem journalistischen Schreiben. Doch auch »wildere« Kombinationen sind denkbar: der Journalist mit dem Reisebüro etwa ist ein Exot – aber es gibt ihn wirklich.

Ich habe Journalistinnen kennen gelernt, die als Sekretärin die Konjunkturdelle überwintert oder als Kurierfahrer das Familieneinkommen gesichert haben. Ich kenne Journalisten, die in den Bereich Training vorstoßen und andere, die sich mit Familientherapie oder als Heilpraktiker einen wesentlichen Einkommensbestandteil sichern. Wieder andere erwirtschaften einen Teil ihres Einkommens über Werbetexte oder Internetseitenbau.

Seien Sie mutig, zur Not auch etwas anderes zu machen oder eine Misch-tätigkeit zu wagen. Das macht Sie unabhängig und erweitert den Horizont!

18 Schlusswort: Kurs auf Erfolg

»Kapitän, wir sind auf dem falschen Kurs!« Oder: Woran merke ich, dass ich mit meiner Unternehmung auch langfristig keinen Erfolg haben werde? Diese Frage werden Sie sich öfter stellen. Vermutlich immer dann, wenn sich Ihr Unternehmen nicht weiter entwickelt, Stillstand erreicht ist, die Nachfrage zurückgeht.

Vorübergehende Flaute oder falsche Marketing-Strategie? Kann es etwa sein, dass ich mein selbst gestecktes Ziel gar nicht erreichen kann? Nach wie vielen Monaten ohne spürbaren Erfolg sollte ich umdenken?

Wenn Sie das Gefühl haben, in die falsche Richtung zu steuern, dann ist es noch einmal Zeit, über das Ziel nachzudenken – und Kapitel 3 dieses Buches aufzuschlagen.

War es wirklich ein gutes, erreichbares, positives Ziel? Oder eines, das von vornherein viel zu fern und unrealistisch war? Vielleicht haben die persönlichen Voraussetzungen nicht gestimmt? Vielleicht haben Sie nach Auszeichnungen gestrebt, obwohl Ihnen die Anwartschaft auf den Pulitzerpreis nicht in die Wiege gelegt ist? Was natürlich mitnichten heißt, dass Sie nicht auch erfolgreich sein können – Sie brauchen nur ein anderes Gebiet, auf dem Sie aktiv werden sollten, eines auf dem Sie zu Hause sind. Fehlende persönliche Voraussetzungen können den Durchbruch verhindern. Wenn Sie Ihr Ziel nicht erreichen können, weil es zu traumtänzerisch ist, dann nützt auch die cleverste Strategie nichts.

Vielleicht haben Sie Ihr Ziel aber längst erreicht und erleben jetzt die berüchtigte Phase der »Sättigung« im Berufslebenszyklus? Dann mag es an der Zeit sein, das eigene Produkt zu überarbeiten und neue Themen ins Repertoire aufzunehmen. Pflegen Sie Ihr Produkt und sich selbst – etwa durch permanente Weiterbildung.

Es gibt viele Gründe, warum es nicht (so recht) weitergeht oder weiterzugehen scheint. Überprüfen Sie diese, bevor Sie Ihre Strategie ändern. Vielleicht benötigen Sie nur einen kleinen Anstoß, vielleicht fehlt Ihnen einfach ein Schuss Motivation, um Akquise aktiv anzugehen.

Kurzum: Geben Sie nicht zu früh auf. Marketing braucht eine Zeit, bis es »wirkt«. Engagement im Social Web etwa kostet sechs bis zwölf Monate, bevor es sich auszahlt. Nur konstantes Am-Ball-Bleiben verhilft zum Erfolg. Wer seine Strategie plötzlich ändert, fängt fast immer noch einmal von vorne an. Diesen Schritt sollten Sie deshalb nur unternehmen, wenn Sie überzeugt sind, dass Ihr bisheriges Ziel falsch war.

Kurskorrekturen dagegen sind zu jedem Zeitpunkt erlaubt, ja wünschenswert und wichtig, um gesetzte Ziele erreichen zu können. Viel Neues ergibt sich erst aus einer wachsenden Marktkenntnis. Je mehr Sie versuchen, sich ein Gebiet zu erschließen, je genauer Sie beobachten, desto eher werden Sie auch Nischen entdecken. Erst auf dem Weg zum Ziel lernen Sie die Wünsche Ihrer Auftraggeber wirklich gut kennen und können Ihr Angebotspaket darauf zuschneidern. Sie erfahren, wo Bedarf ist und können sich mit Ihrem Know-how und Wissen so entwickeln, dass Sie diesen decken können.

Haben Sie sich Ihr Ziel über den Schreibtisch gehängt? Falls nicht, holen Sie es sich von Zeit zu Zeit hervor. Sind Sie ihm näher gekommen? Ist es immer noch reizvoll für Sie? Oder haben Sie es vielleicht schon erreicht? Ist es genau so, wie Sie es sich vorgestellt haben? Dann ist es vielleicht Zeit, zu neuen Ufern aufzubrechen. Da vorne, sehen Sie die Umrisse schon vor sich? Wie fühlt es sich an, wenn Sie »drüben« angelangt sind? Woran werden Sie merken, dass Sie am Ziel sind?

Vergessen Sie nicht: Erfolg ist nur dann ein Erfolg, wenn man sein Dasein bemerkt und es genießen kann. In diesem Sinn wünsche ich Ihnen auch viel Erfolg beim Erfolgreich-Sein.

Literatur

Arndt, Roland (2011): Danke für Ihre Empfehlung. So gewinnen Sie neue Kunden und Geschäftspartner. Walhalla.

Berne, Eric (2002): Spiele der Erwachsenen. Psychologie der menschlichen Beziehungen. Rowohlt.

Boress, Alan S. (2005): Jetzt brauche ich Aufträge. Verlag Moderne Industrie.

Goderbauer-Marchner, Gabriele (2009): Journalist werden! UVK

Fischer, Mario (2008): Website Boosting 2.0. Suchmaschinen-Marketing, Usability, Online-Marketing. MITP

Faltin, Günther (2010): Kopf schlägt Kapital. Hanser

Friedrich, Kerstin (2004): Empfehlungsmarketing. Neukunden gewinnen zum Nulltarif. Gabal.

Harris, Thomas A. (1975): Ich bin OK, Du bist OK. Rowohlt.

Herbst, Dieter (2006): Corporate Identity. Cornelsen.

Herbst, Dieter (2003): Public Relations. Cornelsen.

Hofert, Svenja (2012): Praxisbuch Existenzgründung. Gabal.

Hofert, Svenja (2012): Praxisbuch für Freiberufler. Gabal

Hofert, Svenja (2007): Existenzgründung im Medienbereich. UVK

Hofert, Svenja (2012): Guerilla-Bewerbung. Campus.

Hofert, Svenja (2011): Das Slow Grow-Prinzip. Lieber langsam wachsen als schnell untergehen. Gabal.

Kettl-Römer, Barbara (2011): Wege zum Kunden. Akquise für Freelancer, Freiberufler und Kleinunternehmer. Linde

Meffert, Heribert (2000): Marketing. Gabal

Meffert, Heribert (2005): Markenmanagement:. Gabler.

Meffert, Heribert (2003): Marketing Arbeitsbuch. Gabler.

Meyen, Michael / Springer, Nina (2009): Freie Journalisten in Deutschland. Ein Report. UVK

O'Connor, Joseph / Seymor, John (2005): Neurolinguistisches Programmieren. Gelungene Kommunikation und persönliche Entfaltung. VAK.

Schultz von Thun, Friedemann (1981–1998): Miteinander Reden, Band 1–4. Rowohlt.

Index

UVK:Weiterlesen

Journalismus

Björn Richter (Hg.)
Fuß fassen: Wege in den Journalismus
3., überarbeitete Auflage
2007, 156 Seiten, broschiert
ISBN 978-3-86764-009-1

Elke Ahlswede
Praktikum!
2010, 132 Seiten, broschiert
ISBN 978-3-86764-227-9

Barbara Scheiter
Themen finden
2009, 132 Seiten, broschiert
ISBN 978-3-86764-133-3

Gabriele Goderbauer-Marchner
Medien verstehen
2011, 154 Seiten, broschiert
ISBN 978-3-86764-229-3

Jürg Häusermann
Schreiben
2008, 140 Seiten, broschiert
ISBN 978-3-86764-127-2

Gabriele Goderbauer-Marchner
Journalist werden!
2009, 140 Seiten
10 s/w Abb., broschiert
ISBN 978-3-86764-132-6

Christoph Fasel
Textsorten
2008, 142 Seiten, broschiert
ISBN 978-3-86764-112-8

Klicken + Blättern

Leseprobe und Inhaltsverzeichnis unter

www.uvk.de

Erhältlich auch in Ihrer Buchhandlung.

besser:
wissen

Das ist für uns Anspruch und Herausforderung
zugleich. Unsere Mitglieder sind Experten aus
den unterschiedlichsten Fachgebieten und
liefern Wissen aus erster Hand – fachlich
fundiert und journalistisch aufbereitet.
Mit ihren Beiträgen tragen sie zur kompetenten
Wissensvermittlung und zur inhaltlichen
Qualität der Fachmedien bei.

Der Deutsche Fachjournalisten-Verband (DFJV)
ist eine Berufsverband für Fachjournalisten,
die sich auf ein Ressort spezialisiert haben. Als
moderner Full-Service-Dienstleister bietet er
seinen über 11.000 Mitgliedern ein umfassendes
Leistungsportfolio an: Beratung, Networking,
Weiterbildung, Fachmedien und Presseausweis
sind nur einige Bausteine.

Lernen Sie uns kennen unter www.dfjv.de

Deutscher
Fachjournalisten
Verband

UVK:Weiterlesen

Recherchieren

Michael Haller
Recherchieren
7. Auflage
2008, 338 Seiten
10 s/w Abb., broschiert
ISBN 978-3-89669-434-8

Michael Haller
Das Interview
5., überarbeitete Auflage
2012, 450 Seiten, broschiert
ISBN 978-3-86764-317-7

Peter Berger
Unerkannt im Netz
Sicher kommunizieren und
recherchieren im Internet
2008, 294 Seiten
100 farb. Abb., broschiert
ISBN 978-3-86764-087-9

Johannes Ludwig
Investigativer Journalismus
2., überarbeitete Auflage
2007, 438 Seiten
22 s/w Abb., broschiert
ISBN 978-3-89669-588-8

Institut zur Förderung
publizistischen Nachwuchses,
Deutscher Presserat (Hg.)
Ethik im Redaktionsalltag
2005, 244 Seiten, broschiert
ISBN 978-3-89669-469-0

Klicken + Blättern

Leseprobe und Inhaltsverzeichnis unter

www.uvk.de

Erhältlich auch in Ihrer Buchhandlung.

UVK:Weiterlesen

Schreiben